MARTÍN **BERASATEGUI**
COCINA *con* GARROTE

150 recetas fáciles y sabrosas

Grijalbo

Primera edición: abril de 2016

© 2016, Martín Berasategui
© 2016, de la presente edición en castellano para todo el mundo:
Penguin Random House Grupo Editorial, S.A.U.
Travessera de Gràcia, 47-49. 08021 Barcelona

Printed in Spain - Impreso en España

Fotografías: José Luis López de Zubiría
Diseño: Penguin Random House Grupo Editorial/ Meritxell Mateu

ISBN: 978-84-16449-28-6
Depósito legal: B-775-2016

Impreso en Gráficas 94, S. L.
Sant Quirze del Vallès (Barcelona)

DO 49286

Penguin
Random House
Grupo Editorial

ÍNDICE

REFUGIO DE GOCE

Llevo ya muchos años, a través de mis colaboraciones en radio, prensa, televisión, y por supuesto a través de mis libros, reivindicando el papel de la cocina doméstica como el refugio más feliz y necesario de nuestra cotidianidad.

No hay nada que nos pueda aportar más dicha que recrear nuestro particular universo, único, especial, intransferible y hacer de él el lugar donde gozar.

Obvia decir que no concibo ese universo sin el concurso de los fogones, y sobre todo en casa, donde todo adquiere un ánimo mucho más lúdico, diferente y hasta entrañable. Porque cocinar nos hace mejores, más fuertes y hasta más guapos, así como lo oyen, con poderes similares a los de la criptonita de Superman, ¿porque qué otra actividad nos permite seguir viviendo en las mejores condiciones y conseguir al mismo tiempo hacer dichosos a los nuestros y a nosotros mismos?

Somos lo que comemos, este es un axioma incuestionable a estas alturas, así que es imprescindible alimentarse de una manera ordenada, limpia, sana y equilibrada, para funcionar mejor. Pero si somos mínimamente ambiciosos no nos bastará solo con cuidarnos, procuraremos también mimar todos los sentidos, y para eso la cocina se muestra como la más eficaz de las herramientas.

Soy un férreo defensor del trabajo diario y de la buena cocina de producto, la inmediata, la que se guisa, estofa y saltea con naturalidad, sin sobrecargas. En casa me gusta practicar una cocina esencial pero con garrote, recetas domésticas, accesibles para todas las economías, pero que tengan un punto de chispa y magia especial. Por eso este libro está plagado de propuestas muy sencillas pero tremendamente sabrosas, explicadas paso a paso porque las he probado y contrastado hasta la saciedad. Muchas de ellas son elaboraciones que he concebido precisamente para la televisión, donde funciona muy mal la trampa y el cartón. En definitiva, se trata de una recopilación de la cocina sin complicaciones que más me convence. Todo ello refrendado con los trucos y consejos que he ido aprendiendo a lo largo de mi carrera, para que el miedo o la pereza nunca sean la excusa a la hora de ponerse manos a la obra.

Siempre que recopilo un libro de estas características me propongo ser claro, conciso y enormemente práctico para intentar no hacer perder el tiempo a nadie, ni en los fogones ni mucho menos en el mercado. Porque el tiempo es oro, sobre todo cuando va destinado a hacer una de las cosas que más me apasionan en el mundo: cocinar.

¡Que ustedes lo disfruten!

Martín Berasategui.

PRIMEROS
PLATOS

ACABADO Y PRESENTACIÓN

Servir bien caliente y con un poco de cebollino
picado por encima.

ALCACHOFAS ESTOFADAS CON JAMÓN

1h

INGREDIENTES

9 alcachofas
2 dientes de ajo picados
½ cebolla
75 g de jamón en tacos
agua
sal y pimienta
aceite de oliva virgen
cebollino picado

TRUCO

Para no equivocarte al comprar las alcachofas, debes asegurarte de que estén bien firmes al apretarlas con las manos. Abre y cierra la palma; si la alcachofa está dura como una piedra es de categoría. Por el contrario, si no ofrece resistencia y da la sensación de blandura, es mejor dejarla.

ELABORACIÓN

Picar la cebolla y pocharla bien en aceite de oliva virgen. Limpiar las alcachofas dejando el tallo, cortarlas en cuartos y colocarlas en un bol de cristal con agua, sin ningún otro aditivo.
Una vez limpias, sacarlas del agua y colocarlas en una cazuela de acero inoxidable.

Cubrir las alcachofas con agua y ponerlas al fuego. Cuando rompan a hervir, bajar el fuego y mantener el hervor durante 15 minutos aproximadamente. Tomar 8 trozos de las alcachofas cocidas y ponerlas en un recipiente con un poco del caldo de las mismas (200 g) más 50 g de aceite. Triturar esta mezcla en frío y añadir un poco de sal y pimienta.

Calentar aceite en una cazuela, poner el ajo picado, la cebolla bien pochada, el jamón en tacos y dorar ligeramente. Incorporar el batido de alcachofas preparado con anterioridad.

Cuando rompa a hervir, incorporar el resto de las alcachofas bien escurridas. Hervir, rectificar de sal y pimienta y añadir un poco de caldo de alcachofas si hiciera falta.

ACABADO Y PRESENTACIÓN

Una vez que estén bien glaseados, sacar los
cogollos y servirlos solos o para acompañar
pescados, carnes o lo que apetezca.

COGOLLOS DE **LECHUGA** BRASEADOS

55'

INGREDIENTES

8 cogollos de Tudela
2 cebolletas (200 g)
2 zanahorias (120 g)
1 calabacín (180 g)
1 litro de caldo de carne reducido a 200 g
2 cucharadas de aceite de oliva virgen extra
una pizca de bicarbonato

TRUCO

Para conservar los cogollos frescos es mejor no almacenarlos junto con manzanas, peras o plátanos, porque estas frutas emiten gas etileno natural que hará que se pudran más rápidamente. Es un dato curioso a tener en cuenta.

ELABORACIÓN

Picar las cebolletas, las zanahorias y el calabacín.

Rehogar las zanahorias y las cebolletas en una sartén con 2 cucharadas de aceite de oliva durante 2 minutos, añadir el calabacín y pochar durante 5 minutos más.

Blanquear los cogollos 2 minutos en agua hirviendo con sal y una pizca de bicarbonato y refrescarlos rápidamente en agua con hielo. Quitarles la parte de la cabeza, unos 2 mm, y las primeras hojas exteriores y escurrirlos bien.

Añadir el caldo reducido a la sartén, llevar todo a ebullición y volcar el jugo con las verduras en una bandeja de horno antiadherente. Colocar los cogollos de lechuga sobre las verduras y cocer en el horno a 170 ºC durante 40 minutos, rociando los cogollos con el jugo continuamente para que se vayan glaseando.

ACABADO Y PRESENTACIÓN

Se puede servir con unas láminas de jamón
por encima y en cuencos de cristal individuales.
Llevar a la mesa caliente.

COLIFLOR CON SALSA DE JAMÓN Y QUESO

Un clásico que no puede faltar

20'

INGREDIENTES

800 g de coliflor
60 g de mantequilla
75 g de jamón ibérico picado
150 ml de nata
150 ml de caldo
60 g de queso emmental o idiazábal
sal y pimienta

TRUCO

A la hora de hervir la coliflor, siempre hay que cocerla destapada, a pesar de su olor. Si la tapamos, nos quedará amarillenta y oscura, de aspecto poco apetecible.

ELABORACIÓN

Dividir la coliflor en ramilletes muy pequeños. Cocer los ramilletes en agua hirviendo con sal hasta que queden cocidos pero al dente. Escurrir y reservar en un cuenco.

Por otro lado, derretir la mantequilla en una sartén honda. Agregar el jamón picado y rehogar durante 30 segundos. Añadir el caldo, a poder ser hecho en casa, y dejar reducir durante 2 minutos. También se puede utilizar un caldo de calidad ya elaborado o agua en la que hayamos diluido una pastilla.

En el último momento, agregar, la nata, el queso emmental y remover hasta que quede una mezcla cremosa. Poner a punto de sal y pimienta.

Agregar la mezcla de jamón, nata y queso sobre la coliflor.

ACABADO Y PRESENTACIÓN

Colocar un par de anchoas marinadas encima del
guacamole y decorar con unas hojitas de perifollo.

GUACAMOLE CON ANCHOAS

1h 30'

INGREDIENTES

250 g de aguacate maduro
50 g de cebollas
15 ml de zumo de limón
100 g de tomates
6 tomates cherry
guindillas encurtidas
1 cucharadita de cilantro
   picado
tabasco
cal y pimienta

Además
1 bote de anchoas en aceite
3 cucharadas de aceite de
   oliva virgen extra
2 dientes de ajo fileteados
½ guindilla fresca picada
1 endivia
hojas de perifollo

TRUCO

Si compramos los aguacates
un poco verdes y queremos
madurarlos en casa, para
acelerar el proceso, los
podemos guardar un día
o dos en una bolsa de papel.
Es muy importante utilizar
los aguacates cuando están
maduros, sin guardarlos en la
nevera, o se pondrían negros.

ELABORACIÓN

Picar la cebolla en
brunoise (en dados
muy pequeños, de
1 o 2 mm de lado),
cortar el tomate en
concassé (en forma
cuadricular de
aproximadamente
0,5 cm de lado).
Aplastar el aguacate
con un tenedor y
mezclarlo con la
cebolla y el tomate.

Añadir el zumo de
limón y las guindillas
picadas, salpimentar
y añadir el tabasco
y el cilantro picado.
Cubrir con papel de
plata y refrescar en
la nevera durante
al menos 1 hora.
Mezclar bien y
disponer los tomates
cherrys por encima
cortados por la
mitad.

Hacer un refrito con
los ajos, la guindilla
picada y las
3 cucharas de aceite
de oliva en una
sartén. Justo cuando
el ajo comience
a tomar un color
anaranjado, quitar
del fuego y dejar
enfriar. Sacar las
anchoas del bote
y extenderlas en un
plato, verter el refrito
sobre las anchoas
y dejar marinar unos
15 minutos.

Deshojar la endivia,
quitar las primeras
hojas si están malas
y rellenar las hojas
con un poco de
guacamole.

ACABADO Y PRESENTACIÓN

Más tarde, añadir las pencas rebozadas, dejarlas
estofar unos minutos y agregar cebollino picado.

PENCAS DE **ACELGA** RELLENAS

45'

INGREDIENTES

1 manojo de acelgas con
    buenas pencas, anchas
lonchas de jamón ibérico
lonchas de queso
harina y huevo para rebozar
aceite de oliva para freír
2 dientes de ajo picados
1 chalota gorda picada
una pizca de harina
un chorrito de vino blanco

una pizca de salsa de tomate
250 ml de caldo de cocción de
    las pencas
cebollino picado
aceite de oliva
sal

TRUCO

Cuando las acelgas tienen
hojas demasiado grandes,
ásperas al tacto y su color se
está tornando amarillento, es
porque están por florecer o
ya lo han hecho. Esto quiere
decir que sus pencas tomarán
un sabor amargo que no
resultará muy agradable a la
hora de cocinar.

ELABORACIÓN

Sazonar el agua,
añadir las pencas y
cocerlas 15 minutos.
Retirar las pencas
y reservar el caldo.
Sobre la mesa,
rellenar las pencas
de jamón y queso.

Pasarlas por harina
y huevo y freírlas en
aceite.

Para la salsa,
rehogar el ajo y la
chalota en aceite.
Añadir una pizca de
harina, el vino blanco
y pasados unos
segundos la salsa de
tomate.

Poco a poco, añadir
a la salsa el caldo de
acelgas.

ACABADO Y PRESENTACIÓN

La forma más sencilla de disponer los huevos
es cascándolos directamente sobre las vainas y
tapar. Cuando veamos que han cuajado, servir
directamente.

VAINAS CON **TOMATE** Y **HUEVOS** ESCALFADOS

45'

INGREDIENTES

800 g de vainas o judías verdes
400 g de tomate frito
2 cebolletas
3 dientes de ajo
50 ml de aceite de oliva virgen extra
2 huevos
sal y pimienta

TRUCO

Al comprar las vainas hay que observar que estén brillantes, tersas y de un color verde intenso. Asimismo, es importante que al romperse crujan (si se doblan fácilmente es una mala señal) y que las semillas se noten poco.

ELABORACIÓN

Lavar y limpiar las vainas. Pelar y picar las cebolletas. Pelar y filetear los ajos. Cocer las vainas en agua con sal durante 10 minutos.

Rehogar en una cazuela las cebolletas y el ajo con el aceite de oliva durante 7 minutos, sin que cojan color. Añadir el tomate frito y cocer otros 5 minutos.

Escurrir las vainas y añadirlas a la cazuela con la salsa de tomate. Mezclar bien y dejar otros 2 minutos al fuego. Si la salsa queda muy espesa, se puede aligerar con un poco de agua de cocción de las vainas. Rectificar de sal y pimienta.

Escalfar unos huevos y disponerlos sobre las vainas guisadas con tomate.

ACABADO Y PRESENTACIÓN

Antes de servir agregar los lardones de tocineta
crudos y las almendras tostadas. Es importante
que la crema esté bien caliente, para que los
lardones de tocineta se atemperen antes de
comerlos. También se puede servir acompañado
de unas rodajas de morcilla, de verduras cocidas,
un chantilly de agua de ostras y cebollino con
trozos de ostras o unos tacos de foie gras micuit
de pato, entre otras posibilidades.

CREMA DE **CALABAZA**

Reconstituyente contra el frío

55'

INGREDIENTES

500 g de calabaza
250 g de cebolla
100 g de tocineta en lardones finos
20 g de almendras tostadas
5 g de azúcar
1 g de azafrán

45 ml de aceite de oliva virgen extra
20 g de coco rallado
1 litro de caldo
35 g de mantequilla
una pizca de sal

TRUCO

Para esta crema la calabaza «potimarron» va de lujo. No es una variedad muy conocida, pero es realmente sabrosa, tiene poco contenido en agua, la piel es muy gruesa, la carne es muy aromática y delicada, con una textura suave, y su sabor es dulzón y sumamente agradable.

ELABORACIÓN

Pelar la calabaza y cortarla en dados de aproximadamente 3 cm. Cortar la cebolla en juliana. En una cazuela con 15 ml de aceite de oliva pochar la cebolla unos segundos. Agregar los dados de calabaza, el azúcar, y el coco rallado, y seguir cociendo 20 minutos más a fuego lento, sin que coja color.

Añadir el caldo, el azafrán molido y llevar a ebullición. Cocer hasta que la calabaza esté tierna, unos 10 minutos aproximadamente.

Triturar y pasar por un colador, para obtener una crema fina.

Volver a calentar la crema y, fuera del fuego, ligar con ayuda de la túrmix añadiendo los 30 ml de aceite de oliva restantes y 35 g de mantequilla.

ACABADO Y PRESENTACIÓN

Cocer los huevos de codorniz, sacándolos de
la nevera, durante unos 2 minutos para que la
yema quede bien jugosa. Saltear los espárragos
en una sartén con una gota de aceite de oliva a
fuego fuerte. Sazonar. Acompañar la sopa con
los huevos de codorniz partidos por la mitad, los
dados de queso fresco en el fondo y las puntas de
espárragos recién salteadas. Servir caliente.

CREMA DE **GUISANTES** CONGELADOS

Receta exprés

25'

INGREDIENTES

750 g de guisantes extrafinos
   congelados
100 g de cebolla
15 g de mantequilla
675 ml de caldo
4 cucharadas de aceite
   de oliva virgen
sal y pimienta

Además
dados de queso fresco
huevos de codorniz
puntas de espárragos

TRUCO

Para obtener las texturas
más suaves en las cremas, lo
mejor es cocer los alimentos
hasta que estén muy blandos,
aunque nos pasemos un poco
en la cocción.

ELABORACIÓN

Pelar y picar la
cebolla en brunoise
(en dados muy
pequeños, de
1 o 2 mm), y
rehogarla en una
cazuela con el aceite
de oliva durante
3 o 4 minutos. Una
vez transcurrido el
tiempo, agregar los
guisantes congelados
y seguir cociendo
todo a fuego fuerte
durante 2 o 3
minutos.

Incorporar el caldo
caliente poco a
poco y llevar todo
a ebullición durante
5 minutos más.

Transcurridos los
5 minutos, sacar del
fuego y triturar con la
túrmix, añadiéndole
la mantequilla en
trozos para que le
dé más untuosidad
a la crema.

Colar la crema por
un colador fino y
volver a ponerla al
fuego para darle un
último hervor.
Poner a punto
de sal y pimienta.

ACABADO Y PRESENTACIÓN

Rectificar de sal y pimienta y servir con unos
granos de maíz, unos trocitos de foie gras
extraídos del que hemos cocinado y un puñado
de flautas o grissini rotos con las manos.
Espolvorear con cebollino picado.

CREMA DE **MAÍZ** CON **FOIE GRAS**

El pato en su esencia

40'

INGREDIENTES

1 foie gras crudo
1,5 litros de caldo

Para la crema
30 g de tocineta en lardones
250 g de maíz de bote
  (escurrido)
300 ml del caldo de cocción
  del foie gras

50 ml de nata
4 escalopes de foie gras
sal y pimienta

Además
flautas tipo grissini
cebollino picado

TRUCO

Hay que elegir el foie gras con los lóbulos impecables, enteros. Al tacto, han de ser ligeramente mullidos, lo que se comprueba presionando con el dedo gordo. El color es también muy importante, elegir los blancos cremosos tirando al amarillo.

ELABORACIÓN

Verter el caldo en una cazuela y llevar a 80 °C, agregar el foie gras y cocer 7 minutos por cada lado, o hasta comprobar que su interior esté caliente con la ayuda del dedo. Reservar en caliente el foie gras y el caldo.

En otra cazuela, sudar los lardones de tocineta sin que cojan color.

Añadir a la cazuela los granos de maíz escurridos y el caldo de cocción del foie gras. Cocer todo junto durante 5 minutos.

Triturar con la túrmix durante 5 minutos, agregar la nata y pasar por un colador.

ACABADO Y PRESENTACIÓN

Esparcir los flanes sobre platos hondos y verter
la sopa de lentejas alrededor. Esparcir unos
costrones de pan y cebollino, y servir.

SOPA DE **LENTEJAS** CON FOIE GRAS

1h 20'

INGREDIENTES

250 g de lentejas
200 g de panceta ibérica de
    cerdo en 1 trozo
2 litros de caldo de carne
1 cebolleta entera
1 clavo de olor
1 zanahoria entera pelada
2 dientes de ajo enteros
1 atadillo de tallos de perejil
2 cucharadas de mantequilla
un chorrito de nata líquida

4 cucharadas de costrones
    pequeños de pan dorado en
    mantequilla
cebollino picado
sal y pimienta

Para el flan de foie gras
300 g de foie gras crudo
1 yema de huevo
1 huevo entero
300 ml de nata líquida
sal y pimienta

TRUCO

Para elegir el mejor hígado
de pato, escoger los blancos
cremosos, tirando al amarillo,
y a poder ser, desechar
los que tengan tonalidades
grisáceas, rastros verdosos de
hiel o marcados hematomas
rojos.

ELABORACIÓN

Precalentar el
horno a 150 ºC.
Tener una olla con
agua hirviendo para
blanquear la panceta.
Meter la panceta en
el agua y escurrir
cuando se retome el
hervor. En una olla
con el caldo caliente
sumergir las lentejas,
la panceta escurrida, la
cebolleta, el clavo,
la zanahoria, los ajos
enteros y el atadillo de
perejil. Salpimentar
y cocer a fuego suave
durante 35 minutos.

Untar 6 flaneras
pequeñas con
mantequilla y
espolvorear con
pan rallado. Tener
una tetera con agua
caliente para el baño
maría. Batir el foie
gras con la yema,
el huevo y la nata, y
salpimentar. Verter
la mezcla en los
moldes y hornearlos
al baño maría
25 minutos.

Escurrir y pasar a
un plato la panceta,
la zanahoria, la
cebolleta y los
dientes de ajo.
Batir el resto en una
batidora a máxima
potencia con la nata
y la mantequilla, y
salpimentar.

Poner la sopa en una
sopera.

ACABADO Y PRESENTACIÓN

Servir bien caliente. En el plato poner primero
una tosta de pan con crema de queso y cabeza
de lomo, y verter después la sopa de tomate
humeante con unos brotes de albahaca encima.

SOPA DE **TOMATE** CON **IDIAZÁBAL** AHUMADO

50'

Reconstituyente y deliciosa

INGREDIENTES

1,5 kg de tomates maduros
2 cebolletas picadas (300 g)
3 dientes de ajo picados
100 g de queso idiazábal
   ahumado rallado
1 cucharada de concentrado
   de tomate
50 ml de aceite de oliva virgen
   extra

50 g de azúcar
sal

Además
tostas de pan
crema de queso
cabeza de lomo
brotes de albahaca

TRUCO

Yo suelo utilizar el tomate pera para hacer esta sopa. La piel no es muy gruesa, tienen mucha carne, un sabor muy equilibrado, no extremadamente ácido, y sobre todo tienen muy pocas pepitas.

ELABORACIÓN

Lavar los tomates, quitarles el pedúnculo y cortarlos en 8 trozos. Pochar la cebolleta en una cazuela con el aceite de oliva a fuego bajo durante 5 minutos, sin que tome color. Añadir el tomate concentrado y el ajo, seguir rehogando otros 3 minutos.

Agregar el tomate en trozos, el azúcar, la sal y dejar cocer tapado a fuego medio durante 30 minutos.

Transcurrida esta media hora, triturar y colar la preparación.

Añadir el queso idiazábal y rectificar de sal.

ACABADO Y PRESENTACIÓN

Verter encima de una base hecha a partir de
yogur batido, unas gotas de aceite de oliva,
cebollino picado, cacahuetes, brotes de espinaca
y hojas de menta fresca. Al presentar el plato, se
puede acabar con otro hilo de aceite y un poco de
cebollino picado.

SOPA DE **ZANAHORIA**, NARANJA Y LIMONCILLO

1h 20'

INGREDIENTES

600 g de zanahorias peladas
180 g de cebollas picadas
50 g de apio picado
40 g de jengibre
100 g de limoncillo
200 ml de zumo de naranja
1 litro de agua
250 ml de nata
50 g de mantequilla
2 cucharadas de aceite de oliva
sal y pimienta

Además
1 cucharada de cebollino
  picado
un puñado de cacahuetes
1 yogur natural
hojas de menta fresca
brotes de espinaca

TRUCO

El limoncillo o hierba limón tiene un sabor cítrico muy acusado que le da un contrapunto fantástico a las sopas y también es todo un chispazo en ensaladas, curries, marinadas y conservas. Típico de la cocina tailandesa y vietnamita, casa de mil maravillas con la leche de coco, sobre todo cuando se utiliza en platos de pescado, marisco o pollo.

ELABORACIÓN

Cortar las zanahorias en rodajas. Cortar el limoncillo en trozos pequeños y el jengibre en rodajas.

Pochar la cebolla con la mantequilla y 1 cucharada de aceite en una cazuela durante 5 minutos sin que coja color. Añadir el apio y las zanahorias y seguir rehogando otros 5 minutos a fuego bajo.

Verter el zumo de naranja, añadir la nata y el agua hasta cubrir las verduras. Añadir sal y cocer a fuego medio durante 40 minutos.

Pasado este tiempo, triturar, añadir el jengibre en rodajas y el limoncillo, y volver a cocer otros 20 minutos más. Colar y poner a punto de sal.

ACABADO Y PRESENTACIÓN

Servir en copas, colocar una buena cucharada del
granizado por encima y unas hojas de albahaca
fresca para decorar.

GARROTÍN DE **TOMATE** Y **VODKA**

Vicio estival

20'

INGREDIENTES

Para el garrotín de tomate
500 g de tomates
22 g de kétchup
25 g de concentrado de
   tomate
120 g de hielo picado
45 ml de aceite de oliva
20 ml de aceite de albahaca
hojas de albahaca
sal y pimienta
25 ml de vinagre de sidra

Para el aceite de albahaca
3 dientes de ajo
granos de pimienta negra
hojas de albahaca
aceite de oliva virgen

Para el granizado de vodka
500 g de agua
50 g de azúcar
70 ml de vodka
1 hoja de gelatina

TRUCO

Para hidratar bien la gelatina en hoja antes de usarla, lo mejor es colocarla en un recipiente, cubrir de agua fría y dejar que absorba agua durante 5 o 10 minutos. Después secar, escurrir el exceso de agua y disolver en los otros ingredientes.

ELABORACIÓN

Para el granizado de vodka, calentar el agua con el azúcar, sin que hierva, y agregarle la gelatina hidratada. Añadir el vodka, mezclar, colocar en un recipiente y congelar. Para el aceite de albahaca, introducir todos los ingredientes en un bote de cristal, cubrir con el aceite y dejar macerar un mínimo de 15 días en un sitio que no esté expuesto a la luz.

Para el garrotín de tomate, cortar los tomates en trozos con piel y pepitas. Introducir en una batidora de vaso y agregarle el kétchup, el tomate concentrado y el vinagre de sidra. Batir durante 1 o 2 minutos y filtrar por un colador fino (si no se quisiera filtrar queda más rústico).

Salpimentar y colocar de nuevo en el vaso junto al hielo picado y los dos tipos de aceite, de oliva y de albahaca. Triturar 1 o 2 minutos más.

Verter el garrotín de tomate en los vasos donde se quiera servir. Raspar con un tenedor el granizado de vodka.

ACABADO Y PRESENTACIÓN

Pasar por un colador si se desea y servir bien
frío. Acompañar con unos dados de melón, unas
cerezas con rabo y unas hojas de albahaca fresca.

GAZPACHO DE CEREZA

Refrigerio estival por excelencia

8h 10'

INGREDIENTES

1 kg de tomates maduros
25 g de cebolla
10 g de pimiento verde
150 g de miga de pan
una pizca de ajo
100 ml de aceite de oliva
    virgen extra
10 ml de vinagre de Jerez
200 g de cerezas

Además
100 g de cerezas con rabo
    para decorar
200 g de melón
brotes u hojas pequeñas de
    albahaca

TRUCO

A la hora de comprar los tomates para hacer el gazpacho, deben estar bien maduros y carnosos para que aporten dulzor. Mi tomate preferido para el gazpacho es el tomate pera, la piel no es muy gruesa, tiene mucha carne y un sabor muy equilibrado, no es extremadamente ácido y, sobre todo, tiene muy pocas pepitas.

ELABORACIÓN

Lavar y deshuesar las cerezas, reservar. Lavar los tomates quitándoles el pedúnculo.

Cortar el tomate, la cebolla y el pimiento en dados pequeños.

Colocar todos los ingredientes, menos las cerezas en un recipiente, cubrirlo con papel film y dejar macerar en frío durante 8 horas.

Pasado este tiempo, triturar todo junto. Cuando esté bien triturado, añadir las cerezas, la sal y volver a triturar bien hasta que quede una mezcla homogénea.

ACABADO Y PRESENTACIÓN

Acompañar el gazpacho con láminas de jamón de
pato, unas rodajas de mozzarella y otras de fresas.
Se puede servir también con unas rebanadas de
pan tostado.

GAZPACHO DE **FRESA** Y **TOMATE**

Refrigerio para todas las estaciones

9h

INGREDIENTES

600 g de tomates maduros
400 g de fresas o frambuesas
50 g de pimiento rojo
60 g de pimiento verde
1,5 g de ajo
80 g de pepino, sin semillas
40 g de miga de pan ecológico
150 ml de aceite de oliva
 virgen extra
500 ml de agua mineral
20 ml de vinagre de Jerez
12 g de sal gorda
una pizca de pimienta

Además

fresas o frambuesas
jamón de pato
queso mozzarella
rebanadas de pan tostado

TRUCO

Según la temporada se puede cambiar la fruta, si no hay fresas quedará estupendo con frambuesas, con melocotón o con cualquier otra fruta que nos guste y que encontremos en el mercado.

ELABORACIÓN

Lavar toda la verdura, pelar el pepino y quitarle las semillas. Quitar las pepitas a los pimientos.

Cortar en trozos los tomates, los pimientos, el pepino, colocar todo en una cazuela con el resto de los ingredientes (ajo, miga de pan, vinagre, agua, aceite y sal) menos las fresas o frambuesas. Mezclar bien, cubrir con papel film y dejar macerar en la nevera durante 8 horas.

Pasado este tiempo, agregar las fresas y triturar todo con la túrmix o en batidora de vaso.

Pasar la preparación por un chino fino, rectificar de sal y pimienta y servir bien frío.

ACABADO Y PRESENTACIÓN

En un plato colocar de base un poco de mayonesa
de anchoas y bonito, 4 rodajas de patata encima,
un poco más de mayonesa de anchoa y bonito y
las lonchas de jamón cocido, aliñar todo con la
mayonesa, agregar los dos tipos de alcaparras,
la rúcula y servir.

ENSALADA ALIÑADA DE JAMÓN Y PATATAS

Económica y suculenta

INGREDIENTES

500 g de patatas
12 lonchas de jamón cocido
25 g de alcaparras grandes y pequeñas
un puñado de rúcula tierna

Para la mayonesa de anchoas y bonito
100 g de bonito en aceite
2 filetes de anchoa en aceite
2 yemas de huevo
200 ml de aceite de oliva 0,4º
2 cucharaditas de mostaza de Dijon
15 ml de vinagre de Jerez
sal y pimienta

TRUCO

A la hora de comprar, hay que escoger patatas consistentes, duras al tacto, con la piel lisa y sin brotes. Las variedades Charlotte o Roseval son muy ricas en ensalada. Eso sí, según tamaño, el tiempo de cocción puede ser muy diferente, entonces para no equivocarnos es mejor optar por las de calibre mediano.

ELABORACIÓN

Lavar las patatas y cocerlas aproximadamente 30 minutos en agua hirviendo con sal, a fuego lento (para que no se rompan) hasta que estén hechas. Dejar enfriar y reservar. Cuando las patatas esten frías, pelarlas y cortarlas en rodajas de aproximadamente 5 mm de espesor.

En un vaso de túrmix colocar las yemas, la mostaza y el vinagre. Agregar el aceite de oliva en forma de hilo para montar la mayonesa con la túrmix.

Picar el bonito y los filetes de anchoa muy finos.

Añadir el bonito y la anchoa picados en el último momento a la mayonesa y mezclar bien hasta que quede todo homogéneo, (es importante que sea pocos segundos para no quemar la anchoa y el bonito). Poner a punto de sal y pimienta.

ACABADO Y PRESENTACIÓN

Montar la ensalada con la crema de sardinillas
de base y el resto de los ingredientes puestos por
encima: primero los huevos, encima los tomates
cherry cortados por la mitad, las aceitunas verdes,
los piñones tostados, las guindillas, los brotes
de espinaca y finalmente las lascas de atún en
conserva. Rectificar de sal, espolvorear con
cebollino y servir. Aliñar, si se quiere, con
un poco de vinagreta de hierbas por encima.

ENSALADA DE CREMA DE **SARDINAS**

30'

INGREDIENTES

100 g de sardinillas de lata
    escurridas
100 g de quesitos en
    porciones
100 ml de aceite de oliva
    virgen extra
100 ml de agua mineral
50 g de cebolleta picada

Además
1 lata de atún al natural (160 g)
10 tomates cherry
3 huevos de codorniz
un puñado de aceitunas
    verdes
un puñado de piñones
    tostados
unas guindillas en conserva
1 cucharada de cebollino picado
brotes de espinaca

TRUCO

Para pelar bien los huevos
de codorniz, a la hora de
cocer hay que echarlos en
abundante agua salada justo
por debajo del punto de
ebullición, tapar la cazuela,
apagar el fuego y dejarlos
dentro unos 3 minutos.
Una vez cocidos, enfriarlos
rápidamente en agua fría o
helada.

ELABORACIÓN

Triturar en un
vaso americano las
sardinillas de lata
bien escurridas, los
quesitos y el agua.
Agregar poco a poco
el aceite y montar
la crema como si
fuese una mayonesa
ligera. Volcarla en
un bol y añadir la
cebolleta picada
muy finamente.
Mezclar bien y
reservar en la
nevera.

Cocer los huevos
de codorniz en agua
con una pizca de sal
durante 3 minutos
justo antes de que
eche a hervir
o en un hervir muy
suave, refrescar
en agua con hielo
inmediatamente para
que se puedan pelar
con facilidad.
Pelar y cortar
en láminas finas.

Lavar los tomates
cherry y cortarlos por
la mitad. Escurrir el
atún.

Untar la crema de
sardinillas en la base
del plato.

ACABADO Y PRESENTACIÓN

En una bandeja o recipiente de cristal colocar los
espárragos cocidos, los huevos de codorniz y por
encima agregar la carne de los berberechos.
Cubrir todo con la vinagreta previamente
entibiada y acompañar con los tomates cherry.
Añadir perifollo y cebollino picado. Es muy
importante que el huevo quede con
la yema muy poco cuajada, casi líquida.

ENSALADA DE HUEVOS DE
CODORNIZ Y BERBERECHOS

Alianza triunfadora

INGREDIENTES

1 kg de berberechos

un puñado de sal gruesa

1 cucharada de vinagre de sidra

16 huevos de codorniz

1 vaso de txakoli

1 chalota picada

1 nuez de mantequilla

12 tomates cherry

3 cucharadas de aceite de oliva

12 espárragos trigueros cocidos

perifollo

sal y pimienta

TRUCO

Para pelar más facil los huevos de cordorniz, una vez cocidos se deben enfriar rápidamente en agua fría o helada para afirmar la clara y que la cáscara se desprenda con suma rapidez.

ELABORACIÓN

Purgar los berberechos en abundante agua con sal gruesa durante 1 hora aproximadamente. Pasado este tiempo, enjuagarlos frotándolos unos con otros y sacarlos del agua.

Hervir agua con sal en una cazuela pequeña. Colocar con cuidado los huevos de codorniz fríos de la nevera en la cazuela y cocerlos solo 2 minutos. Refrescar seguidamente en agua con hielo y reservar.

En otra cazuela más grande añadir el txakoli, llevarlo a ebullición y agregar los berberechos; cocerlos a fuego fuerte tapados hasta que se abran. Cuando estén abiertos, retirarlos a un plato frío, dejar enfriar y separar la carne de las cáscaras. Filtrar el jugo de cocción.

Pelar los huevos con cuidado y cortar por la mitad, o dejar la mitad enteros y la otra mitad cortados. Agregar el jugo de cocción de los berberechos a una sartén honda y reducir hasta que tenga consistencia de salsa. Fuera del fuego, añadir el vinagre de sidra y el aceite, y dejar enfriar.

ACABADO Y PRESENTACIÓN

Aliñar la rúcula con el aceite de oliva, el vinagre
y el jugo de carne, y disponerla en la base de
un plato. Cortar los rulos por la mitad al bies,
colocarlos sobre la ensalada de rúcula recién
aliñada y servir.

ENSALADA DE RULOS DE **JAMÓN**

Práctica y fácil de resolver

20'

INGREDIENTES

8 lonchas de jamón cocido
450 g de carne tierna de
    ternera en tiras
30 g de mantequilla
100 g de hojas de lechuga
240 g de mayonesa
70 g de mostaza
20 g de queso idiazábal
    rallado (de 6 meses)
sal y pimienta

Además

1 puñado de rúcula tierna
1 cucharada de vinagre de
    Jerez
3 cucharadas de aceite de
    oliva virgen extra
2 cucharadas del jugo de
    cocción de la carne

TRUCO

A la hora de saltear la carne,
elegir una sartén adecuada,
lo bastante grande para
contener la carne sin que
se amontone, pero no tan
grande como para que queden
superficies vacías ya que se
quemaría el aceite y los jugos
se perderían.

ELABORACIÓN

Cortar la carne tierna
de ternera en trozos
de aproximadamente
1 x 6 cm de largo.

Calentar una sartén.
Cuando esté bien
caliente, con unas
gotas de aceite y
mantequilla saltear
las tiras de carne
unos segundos y
luego salpimentarlas.
Enfriar y reservar.

A continuación,
limpiar las hojas de
lechuga y cortarlas
en juliana. Mezclar
la mayonesa y la
mostaza y juntar
esta mezcla con la
carne, la lechuga y
el idiazábal rallado.
Poner a punto de sal
y pimienta, y reservar
en la nevera.

Colocar la
preparación anterior
encima de las
lonchas de jamón y
enrollar formando
cilindros similares.

ACABADO Y PRESENTACIÓN

Colocar la ensalada de txangurro en un plato
ligeramente cóncavo y sobre ella colocar una capa
fina de crema cítrica, unos brotes de espinaca,
unas gotas de tomate frito y aceite de oliva en
hilo bien fino.

ENSALADA DE **TXANGURRO**

Bocado de capricho

45'

INGREDIENTES

1 txangurro (centollo) de
    aproximadamente 1 kg
agua
sal marina gruesa

Para la ensalada
360 g de carne de txangurro
    escurrido
4 huevos duros picados (180 g)
180 g de mayonesa

Además
200 ml de nata
2 cucharaditas de zumo de
    lima
ralladura de lima
una pizca de sal
1 cucharada de aceite oliva
    virgen extra
1 cucharada de tomate frito
brotes de espinaca

TRUCO

A la hora de cocer el
txangurro, si el animal está
vivo partir desde agua fría
para que no se suelten las
patas. Por el contrario, si el
animal está muerto partir
de agua hirviendo.

ELABORACIÓN

En una cazuela con
sal (40 g por litro),
meter el txangurro
con la tripa para
arriba. Mirar que
esté bien cubierto
de agua y poner a
fuego fuerte. Cuando
el agua hierva bajar
algo el fuego y dejar
hervir según el peso
del txangurro (para
una pieza de 1 kg se
necesitan unos
12 minutos). Pasado
este tiempo, sacar
del agua y dejar
enfriar.

Cuando el txangurro
esté frio, separar
las patas del resto
del cuerpo, abrir el
caparazón, eliminar
las branquias y
recoger las huevas
y el coral. Cortar
en tres trozos cada
mitad y machacar
las patas. Verter
el contenido del
caparazón en un
recipiente. Revisar la
carne del txangurro
a fin de que esté bien
limpia de cáscaras.

Cocer los huevos
en agua hirviendo
partiendo de
agua caliente
durante 9 minutos
y refrescarlos en
agua con hielo.
Pelarlos y picarlos
finamente. Mezclar
suavemente los
huevos cocidos con
la carne de txangurro
y la mayonesa, con
la ayuda de una
espátula de silicona,
hasta conseguir una
mezcla homogénea.
Sazonar.

Para la crema cítrica,
mezclar el zumo
de lima con la nata
semi montada y la
ralladura de lima
hasta conseguir
una crema.

ACABADO Y PRESENTACIÓN

Agregar la vinagreta caliente, el perejil picado
groseramente y unos tacos de foie gras recién
cortado. Mezclar todo bien, rectificar de sal
y servir.

ENSALADA DE VAINAS CON **CEBOLLETA**

Refrescante y sabrosa

INGREDIENTES

1 kg de vainas o judías
2 cebolletas picadas
1 puñado de perejil
1 yema de huevo
150 ml de vinagre de Jerez
1 cucharada de yogur natural
12 pepinillos en vinagre
flor de sal
pimienta recién molida

Además
unos tacos pequeños de foie
   gras
1 manzana tipo Granny Smith
almendras
perejil

TRUCO

Al comprar las vainas, cuidar que sean brillantes y de un verde vivo, que estén tersas y que al romperse crujan (si se doblan fácilmente es una mala señal) y, a poder ser, que las semillas se noten poco.

ELABORACIÓN

Limpiar las vainas y cocerlas 10 minutos en agua con sal, con unos 30 g de sal por litro de agua. Transcurrido ese tiempo, escurrir y colocar en una ensaladera, sin refrescar.

Por otro lado, picar la cebolleta y colocarla al fuego en una cazuela junto con el vinagre de Jerez.

Reducir a la mitad y fuera del fuego, cuando esté tibio, mezclar bien con la yema de huevo y el yogur. Revolver hasta que se integre todo bien, salpimentar y volver a llevar al fuego sin que llegue a hervir.

Mezclar los pepinillos con las vainas. Cortar unos bastones de manzana con piel y añadirlos a las vainas y pepinillos junto con las almendras.

ACABADO Y PRESENTACIÓN

Fuera del fuego añadir las 4 cucharadas de aceite restantes y las hierbas picadas. Mezclar lascas de ventresca con las lechugas variadas y rociar con la vinagreta de verduras. Espolvorear con perifollo, perejil y cebollino.

ENSALADA DE **VENTRESCA** DE ATÚN

Bocado caprichoso

1h

INGREDIENTES

250 g de ventresca de atún
un puñado de lechugas tiernas
un puñado de rúcula tierna
brotes variados
300 ml de aceite de oliva
sal

Para la vinagreta
1 tomate pequeño en dados
1 pimiento del piquillo picado
1 cebolleta picada

1 cucharadita de perifollo
  picado
1 cucharadita de perejil picado
1 cucharadita de cebollino
  picado
150 ml de vinagre de sidra
100 ml de agua
1 pastilla de caldo de ave
6 cucharadas de aceite de
  oliva virgen extra
pimienta negra recién molida

TRUCO

Esta misma receta se puede
hacer fuera de temporada con
ventresca de atún congelada,
aumentando el tiempo de
cocción.

ELABORACIÓN

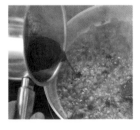

En una cazuela poner
agua a hervir con sal.
Retirar del fuego,
agregar la ventresca
de atún y dejarla
en el agua entre
2 y 5 minutos, según
su grosor.

Retirar del agua,
escurrir, quitarle las
pielecillas negras
con la ayuda de una
puntilla. Reservar
sumergida en los
300 ml de aceite
de oliva hasta su
utilización.

Para preparar la
vinagreta, hervir
100 ml de agua y
añadir la pastilla de
caldo, disolverla y
reducir a la mitad.
En una cazuela con
2 cucharadas de
aceite, pochar la
cebolleta durante
4 minutos. Agregar el
pimiento del piquillo,
rehogar 1 minuto
más. Añadir el
tomate y cocer otros
2 minutos.

Agregar el vinagre,
una buena cantidad
de pimienta negra
recién molida y cocer
15 minutos a fuego
lento. Añadir el caldo
reservado.

ACABADO Y PRESENTACIÓN

Acompañar el sándwich tostado con la escarola
aliñada con la vinagreta.

SÁNDWICH DE CHAMPIS Y AVELLANAS

El gusto de la informalidad

30'

INGREDIENTES

4 lonchas de pan de molde
1 tomate mediano
3 champiñones
½ cucharada de perejil picado
un puñado de avellanas tostadas
4 quesitos en porciones
50 g de mantequilla
6 lonchas de jamón ibérico

Para la ensalada con vinagreta
escarola
vinagre de sidra y de Jerez
caldo concentrado
aceite de oliva

TRUCO

Es mejor comprar los frutos secos en una tienda especializada y en pocas cantidades, porque estarán mucho más frescos.
Así evitamos también que se enrancien.

ELABORACIÓN

Para la vinagreta, calentar los dos vinagres a fuego suave, disolver en él un poco de caldo concentrado. Dejar que reduzca durante 5 minutos y añadir el aceite. Una vez frío enriquecer con champiñón crudo cortado en brunoise (dados muy pequeños, de 1 o 2 mm) y un poco de perejil picado. Reservar para aliñar la escarola.

Para el sándwich, untar las rebanadas de pan con la mantequilla a punto de pomada. Aplastar los quesitos con un tenedor para obtener una pasta y luego untar con ella el pan por su otra cara.

Pelar los champiñones y cortarlos en láminas muy, muy finas (es más fácil hacerlo con la ayuda de una mandolina, o bien con un cuchillo muy afilado). Lavar el tomate y cortarlo en rodajas muy finas.

Montaje: pan untado con mantequilla por fuera, pasta de queso, rodajas de tomate, láminas muy finas de champiñón, avellanas picadas, perejil picado, una pizca de sal, jamón ibérico y otra rebanada de pan untada con queso y mantequilla. Tostar el sándwich en una sartén a fuego suave para que el pan coja color y los ingredientes se atemperen.

ACABADO Y PRESENTACIÓN

Colocar sobre el jamón las nueces, los brotes y
las aceitunas verdes. Servir entero o en raciones,
según el número de comensales.

TOSTA DE VERANO

Irresistible y suculenta

15'

INGREDIENTES

Para la crema de sardinas
100 g de anchoas en salazón
125 g de quesitos en
   triángulos
130 ml de aceite de oliva
   virgen extra
100 ml de agua
20 g de mostaza
30 g de sardinillas sin espinas
   en conserva

Para la tosta
1 barra de pan de 25 cm
nueces
2 tomates
jamón de pato
1 bola de mozzarella
brotes de espinaca
aceitunas verdes sin hueso
2 cucharadas de aceite de
   oliva virgen extra

TRUCO

La mozzarella tiene que oler a leche fresca, a mantequilla, a yogur, a nata... pero ligeramente, sin ofender nuestro olfato. Además, debe ser de leche de búfala y presentarse sumergida en suero (muy importante para su conservación).

ELABORACIÓN

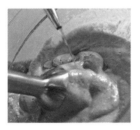

Para la crema de sardinas, colocar las anchoas, las sardinillas y el agua en un vaso de túrmix y triturar. Agregar la mostaza, el queso y volver a triturar.

Cuando la mezcla esté homogénea, añadir el aceite en forma de chorro fino y emulsionar como si fuese una mayonesa.

Para la tosta, pelar y cortar el tomate en rodajas muy finas. Cortar la barra de pan a lo largo. Solo se utiliza la base. Colocar la tosta en una bandeja de horno y hornearla unos minutos a 140 °C. Rociar el pan con aceite de oliva, colocar los tomates y hornear 3 minutos más. Retirar la tosta del horno y dejar que se atempere.

Untar la tosta con la crema de anchoas y sardinillas, colocar encima la mozzarella en rodajas y el jamón de pato.

ACABADO Y PRESENTACIÓN

Montar la tosta con el pan como base y poniendo
encima primero un poco de pesto de albahaca
bien extendido, después las hojas de espinaca,
a continuación los filetes de anchoas, el perifollo,
las láminas de pera bien finas y las escamas de
Idiazábal. Rematar por encima con un chorro fino
de aceite de oliva virgen que lo impregne bien todo.

TOSTA VERDE CON PERAS Y ANCHOAS

20'

INGREDIENTES

4 rebanadas de pan de hogaza
(0,5 cm de espesor)
1 pera
12 filetes de anchoa
1 puñado de hojas y brotes de
espinaca tiernos
1 cuña pequeña de queso
idiazábal

perifollo
50 g de piñones
50 g de parmesano rallado
50 g de aceite de oliva virgen
extra
50 g de hojas de albahaca

TRUCO

Hay que comprar las peras en su punto ideal de maduración, o bien dejarlas en un lugar oscuro y a unos 20 °C para que maduren. Jamás hay que guardarlas en bolsas de plástico, puesto que las frutas necesitan aire y, si se guardan, pierden sabor, nutrientes y se acelera la putrefacción.

ELABORACIÓN

Hornear las rebanadas de pan en el horno a 180 °C durante 5 minutos (deben quedar crujientes por fuera y tiernas por dentro). En un vaso americano, poner los piñones, el parmesano y las hojas de albahaca y triturar rápidamente con la túrmix.

Añadir el aceite de oliva y volver a triturar otros 30 segundos como para hacer una mayonesa. Reservar en hielo para evitar la oxidación.

Pelar la pera y laminarla finamente con la ayuda de una mandolina o con un cuchillo bien afilado.

Hacer escamas de queso idiazábal con un pelador o en su defecto con un cuchillo bien afilado.

ACABADO Y PRESENTACIÓN

Transcurridos los 20 minutos, sacar y desmoldar.
Se puede decorar con unas puntas de espárragos
naturales blanqueadas envueltas en lonchas de
jamón ibérico. Verter un hilo de aceite de oliva por
encima y cebollino picado.

PASTEL DE ESPÁRRAGOS

Tembloroso y con sustancia

INGREDIENTES

1 kg de espárragos blancos en conserva
300 ml de nata líquida
3 huevos
5 yemas
110 g de parmesano en polvo
40 g de mantequilla
sal y pimienta

TRUCO

Las partes de espárrago que no hemos utilizado se pueden a provechar para elaborar una sopa de espárragos que luego batiremos y colaremos bien o para saltearlas y servirlas como guarnición de cualquier plato.

ELABORACIÓN

En una tabla, cortar las puntas de los espárragos y también las partes de abajo que son un poco más leñosas, de forma que nos queden las bases.

En un bol, mezclar los huevos enteros y las yemas. Una vez hecha la mezcla de los huevos y las yemas, triturarla en la túrmix con las bases de los espárragos y la nata. Agregar el parmesano. Mezclar bien y rectificar la sazón.

Precalentar el horno a 140 °C. Cubrir los moldes individuales con mantequilla por todas las paredes para que no se pegue el pastel y repartir las puntas de espárragos cortadas por la mitad a lo largo en cada uno de los moldes.

Verter en cada molde la preparación anterior y dejar cocer durante 20 minutos aproximadamente en el horno, según el tamaño de los moldes.

ACABADO Y PRESENTACIÓN

Verter la mezcla de huevos en el molde, poner en
el horno y hornear 20 minutos. Sacar cuando la
superficie tenga un tono dorado.

QUICHE TONTAINE

45'

INGREDIENTES

4 lonchas de beicon ahumado
  de 0,5 cm de grosor
10 chalotas gruesas en tiras
  finas
2 dientes de ajo picados
tomillo fresco
2 puñados de hojas de
  espinacas crudas, lavadas
8 barritas de pan

6 huevos
350 ml de nata líquida
200 g de queso feta
albahaca fresca
aceite de oliva
sal y pimienta molida

TRUCO

Es muy importante precocinar
no solo los embutidos frescos,
sino también las carnes y
verduras que vayamos a
incorporar a nuestras quiches
porque si no soltarán las
grasas y los jugos cuando la
mezcla se esté cocinando y el
resultado no será el óptimo.

ELABORACIÓN

Precalentar el horno
a 200 ºC. Sobre la
tabla cortar el beicon
en lardones. Sofreírlo
unos segundos.
Añadir la chalota,
el ajo y el tomillo
deshojado, y pochar
10 minutos.

Mientras, forrar un
molde con el pan,
con la parte plana
tocando el fondo.
Batir los huevos con
la nata y salpimentar.

Añadir las espinacas
al sofrito y
salpimentar.

Repartir el sofrito
sobre el fondo de
pan, esparcir encima
el queso en trozos
desmenuzados y
esparcir las hojas de
albahaca rotas.

ACABADO Y PRESENTACIÓN

Colocar la tarta, montada en papel sulfurizado,
sobre una placa caliente de horno. Hornear
20-35 minutos. Cubrir la tarta con el jamón,
los germinados aliñados y las avellanas tostadas.

TARTA DE **CHAMPIÑONES**

Apuesta triunfadora

55'

INGREDIENTES

1 disco de hojaldre de 29 cm de
  diámetro y 5 mm de grosor
1 yema de huevo
un chorrito de nata líquida

Para el relleno de setas
1 ajo picado
3 chalotas picadas
50 g de jamón picado
500 g de champiñones blancos
  muy picados

un chorrito de vino blanco
1 cucharada de harina
200 ml de nata líquida
aceite de oliva y sal

Además
jamón ibérico cortado muy fino
germinados
medias avellanas tostadas

TRUCO

A la hora de escoger las setas,
conviene elegir las que no
hayan sufrido daños durante
la manipulación. Para que
tengan más sabor, es mejor
coger setas maduras, es
decir, setas un poco crecidas,
no las primeras.

ELABORACIÓN

Precalentar el horno
a 200 ºC. Para el
relleno de setas,
rehogar en una
sartén con aceite,
el ajo, la chalota, el
jamón y una pizca
de sal. Añadir los
champis y rehogar
hasta que se evapore
el jugo.

Verter el vino blanco
y la harina. Pasados
unos minutos, añadir
la nata y cocer unos
minutos hasta que el
alcohol se reduzca.
Salpimentar el
conjunto y enfriar.

Montar el disco
de hojaldre sobre
papel sulfurizado.
Mezclar la yema con
el chorrito de nata
y pintar con ella el
borde del hojaldre.

Extender el relleno
de setas sobre
el hojaldre hasta
2 cm del borde

ACABADO Y PRESENTACIÓN

Hornear durante 40 minutos y dejar reposar
15 minutos antes de servir.

LASAÑA DE VERDURAS ASADAS

2h 40'

INGREDIENTES

1 kg de calabaza en rodajas
    de 1 cm
2 bulbos de hinojo cortados en
    rodajas de 1 cm
2 pimientos morrones crudos
    en tiras anchas
aceite de oliva
mantequilla
3 cucharadas de harina
750 ml de leche caliente

1 cebolla picada
2 dientes de ajo picados
1 calabacín picado
1 zanahoria picada
vino blanco
800 ml de salsa de tomate
hojas de lasaña de cocción
    rápida
300 g de espinacas rehogadas
    con ajo
3 bolas de mozzarella
1 puñado de idiazábal rallado

TRUCO

Según la cantidad de
mantequilla y harina que
pongamos nos quedará
una salsa bechamel más
ligera o más espesa. Para
este tipo de preparación
conviene que la densidad
sea ligera para que la
lasaña no salga muy
«mazacole».

ELABORACIÓN

Precalentar el horno
a 200 ºC. En una
olla, rehogar la
cebolla, con el
ajo, el calabacín,
la zanahoria, sal y
pimienta 5 minutos.
Añadir a las verduras
el vino blanco, la
salsa de tomate y
guisar 45 minutos.
Mientras tanto, hacer
una bechamel con
la mantequilla, la
harina y la leche.

En una fuente poner
la calabaza, el hinojo
y los pimientos,
condimentar con sal
y aceite y hornear
40 minutos. Montar
la lasaña poniendo
de fondo la salsa de
tomate y verduras,
luego las hojas de
lasaña y bechamel, y
por encima una capa
de verduras asadas
(calabaza, hinojo
y pimientos).

La segunda capa
llevará salsa de
tomate y verduras,
luego hojas de
lasaña, espinacas
rehogadas,
bechamel y otra
capa de verduras
asadas. Terminar
con una capa de
salsa de tomate y
verduras, hojas de
lasaña, espinacas
y bechamel.

Coronar con pellizcos
de mozzarella y
queso idiazábal
rallado.

ACABADO Y PRESENTACIÓN

Cocer los ñoquis en abundante agua hirviendo
con un punto de sal durante 1 o 2 minutos, hasta
observar que flotan. Escurrir y colocar dentro de
la salsa reservada. Cocinar el conjunto 2 minutos,
poner a punto de sal y pimienta, y espolvorear
con el cebollino.

ÑOQUIS DE CALABAZA EN SALSA DE QUESO AZUL

2h

INGREDIENTES

Para la salsa

250 ml de nata
100 g de yogur natural
200 g de mascarpone
un poco de gorgonzola,
    roquefort o queso azul (30 g)
1 diente de ajo finamente
    picado hasta obtener una
    pasta
un chorrito de amontillado (25 g)
una pizca de cebollino (6 g)

Para la masa de ñoquis

500 g de puré de calabaza
    (aproximadamente 1 kg en
    crudo)
125 g de patatas deshidratadas
    (para puré instantáneo)
1 huevo
200 g de harina
60 g de queso idiazábal
    rallado fino
un chorrito de agua (10 g)
4 hojas de salvia
1 ramita de tomillo

TRUCO

Para evitar que los quesos se pongan grumosos en las salsas debemos seguir dos consejos muy sencillos: añadir el queso al líquido caliente, pero que no esté hirviendo; remover lo menos posible para evitar que se formen filamentos.

ELABORACIÓN

Para la masa de ñoquis, pelar y cortar la calabaza en dados de unos 4 cm. Colocarlos en una bandeja de horno con el agua, la salvia y el tomillo. Hornear a 140 ºC aproximadamente 1 hora hasta que la calabaza esté blanda. Escurrir bien, para que al pasarla por el pasapurés no suelte mucha agua. Una vez hecho el puré, reservar.

Hacer una corona con 100 g de harina y por el exterior hacer otra corona con las patatas deshidratadas. Colocar en el centro el puré de calabaza, el huevo batido y el queso rallado.

Mezclar todo bien hasta tener una masa homogénea, pero sin trabajar demasiado. Hacer bolas de unos 100 g y estirar en forma de pequeños chorizos de 1cm de grosor, utilizando la harina restante para que no se peguen a la mesa.

Cortar los chorizos en ñoquis de unos 2 cm. Para la salsa, en una sartén, llevar a ebullición el amontillado para que pierda un poco el alcohol. Agregar la nata, el yogur, el mascarpone y volver a llevar a ebullición. Añadir el queso azul y el ajo, y dejar reducir unos 6 minutos hasta que la salsa espese y coja una textura cremosa. Reservar.

ACABADO Y PRESENTACIÓN

Añadir un poco de aceite verde. Rectificar de sal
y servir.

RISOTTO DE CALABACÍN Y JAMÓN

45'

INGREDIENTES

80 g de jamón de pato en tiras finas
250 g de arroz carnaroli
2 calabacines
hojas de perejil
100 g de cebolletas
100 g de parmesano rallado
100 g de aceitunas negras sin hueso

100 ml de aceite de oliva virgen
500 ml de caldo
25 g de mantequilla
30 ml de vino blanco
sal y pimienta

TRUCO

Si no se encuentra arroz carnaroli hay que utilizar arroces de grano poroso, semiduros y que contengan mucho almidón. En España existen unos arroces de calidad excepcional en el Delta del Ebro, en la zona de Pego (Levante), en Navarra, Andalucía...

ELABORACIÓN

Pelar y cortar las cebolletas en dados bien pequeños. Pelar los calabacines dejando la piel con unos 5 mm de espesor y cortar en dados del mismo grosor, la piel y la pulpla, hasta obtener unos 200 g.

Triturar el perejil con 70 g de aceite de oliva en una túrmix para obtener un aceite verde.
Hervir el caldo y reservar.

Calentar unos 30 g de aceite en una olla y añadir las cebolletas, cocinar unos 3 minutos y agregar los dados de pulpa de calabacín. Dejar cocinar otros 3 minutos más sin que tomen color. Agregar el arroz y desglasar con el vino blanco.

Incorporar poco a poco el caldo, sin dejar de remover durante unos 17 minutos hasta obtener el punto deseado del arroz. Saltear los dados de pieles de calabacín. Cuando el arroz esté listo mezclarlo con el jamón de pato, las pieles y las aceitunas negras a dados. Retirar del fuego y agregar el queso rallado y la mantequilla.

ACABADO Y PRESENTACIÓN

Revolver enérgicamente toda la mezcla hasta
que quede cremosa, rectificar de sal si fuera
necesario.

RISOTTO DE **CHAMPIS** CON PESTO DE **RÚCULA**

45'

Suculencia en estado puro

INGREDIENTES

Para el risotto
250 g de arroz carnaroli
200 g de hongos o
   champiñones
100 g de rebozuelos
100 g de cebolletas picadas
150 g de parmesano rallado
30 g de mantequilla
1 litro de caldo de ave
150 ml de vino blanco
50 ml de aceite de oliva virgen
   extra
sal

Para el pesto de rúcula
100 g de hojas de rúcula
2 dientes ajo (9 g)
10 g de piñones
70 g de parmesano rallado
100 ml de aceite de oliva 0,4 %
100 ml de agua

TRUCO

El carnaroli y el bomba son los arroces más adecuados para hacer el risotto, por su grano fino y masticable; si optamos por un arroz con poco almidón, no nos quedará una receta perfecta de risotto tradicional, porque el grano no acaba de emulsionar el guiso.

ELABORACIÓN

Para el pesto de rúcula, pelar y quitar el germen del ajo. Triturar en una batidora de vaso americano, la rúcula, los piñones, el agua y el queso parmesano. Añadir el aceite de oliva poco a poco hasta emulsionar. Cubrir con papel film y reservar sobre hielo, para evitar la oxidación.

Para el risotto, calentar el caldo en una cazuela y mantener caliente. Calentar el aceite en otra cazuela y agregar la cebolleta. Rehogar 3 minutos a fuego bajo, sin que coja color, agregar el arroz y seguir sudando otro minuto. Añadir el vino y reducir a seco. Verter el caldo poco a poco sin dejar de remover con una cuchara de madera.

Cocer el arroz de esta manera durante 17 minutos. El arroz debe quedar homogéneo y untuoso. Durante el tiempo de cocción, saltear los champiñones y las setas por separado a fuego vivo de 3 a 5 minutos, sazonar ligeramente y reservar caliente.

A final de la cocción del arroz, agregar el parmesano rallado y la mantequilla, las setas y el pesto de rúcula.

ACABADO Y PRESENTACIÓN

Servir en raciones pequeñas como guarnición
o en una ración un poco más generosa como
primer plato.

CALABACÍN GRATINADO CON TOSTA DE AJO

40'

Para todas las estaciones

INGREDIENTES

10 rodajas de pan
2 dientes de ajo
1 calabacín o varios, dependiendo del tamaño
½ manojo de perejil
300 ml de tomate frito
25 g de parmesano rallado
aceite de oliva
sal y pimienta
tomates cherry

TRUCO

Hay que tener cuidado con las altas temperaturas del horno, muchas verduras y hortalizas contienen suficientes azúcares, por lo que se pueden quemar en el borde o en el fondo, donde entran en contacto con el recipiente.

ELABORACIÓN

Lavar los calabacines y cortar las extremidades. Cortarlos a lo largo en 4 partes. Limpiar bien los tomates cherry y cortarlos por la mitad. Lavar, deshojar y picar el perejil muy finamente. Picar el ajo y mezclarlo con el perejil.

Rehogar los calabacines en una sartén con un poco de aceite hasta que queden dorados durante unos 2 minutos aproximadamente. Darles la vuelta y terminar de dorarlos otros 2 minutos.

En una fuente de horno colocar los calabacines, ponerles un poco de sal y pimienta y espolvorear con el ajo y el perejil. Poner encima el tomate frito, los tomates cherry y repartir por la superficie el queso rallado.

Disponer encima las rodajas de pan cubriendo los tomates. Echar un chorro generoso de aceite de oliva virgen por arriba. Hornear a 180 ºC durante unos 20-25 minutos hasta que el pan quede perfectamente dorado en la superficie.

ACABADO Y PRESENTACIÓN

Espolvorear con el parmesano rallado, la albahaca
finamente picada, rectificar el sazonamiento y
servir caliente. Acompañar los calabacines con
unos trozos de queso fresco de Burgos, cortado
en tacos de 4 cm.

CALABACÍN TOLETE

La huerta en el plato

1h

INGREDIENTES

3 calabacines medianos (1 kg)
2 dientes de ajo fileteados
100 ml de tomate frito
150 g de pimientos del piquillo
un puñado de aceitunas
   negras con hueso
50 g de parmesano rallado
10 hojas de albahaca

3 cucharadas de aceite de
   oliva virgen extra
sal y pimienta

Además
300 g de queso fresco de
   Burgos

TRUCO

Se deben elegir aquellos calabacines que sean firmes al tacto, compactos, pequeños o medianos, sin manchas en la piel y pesados en relación con su tamaño.
Es aconsejable rechazar los calabacines grandes porque suelen tener demasiadas pepitas y una carne menos tierna.

ELABORACIÓN

Lavar los calabacines. Cortar uno de ellos en dos a lo largo, hacerle unas incisiones en el medio e incrustarle las láminas de ajo fileteado.

Colocarlo sobre una hoja de papel de aluminio, agregarle unas gotas de aceite de oliva, cubrirlo con otra hoja de papel, como si se tratara de un papillote y cocerlo en el horno a 200 ºC durante 30 minutos. Sacar del horno y aplastar el calabacín con el ajo con una prensa patatas, como si fuera un puré, reservarlo.

Limpiar los pimientos del piquillo de sus pepitas y picarlos en dados de 5 mm. Cortar las aceitunas en cuartos y descartar los huesos. Cortar los otros dos calabacines a lo largo y luego en rodajas finas.

En una cazuela, calentar el aceite de oliva y saltear los calabacines durante 5 minutos, hasta que estén crocantes. Salpimentar y añadir a la cazuela los pimientos del piquillo, las aceitunas, el puré de calabacín y el tomate frito. Cocer todo durante 5 minutos más.

ACABADO Y PRESENTACIÓN

Una vez espolvoreado el queso, calentarlo en el
horno unos 20 segundos.

GRATÍN DE CEBOLLETA, CHISTORRA Y BACALAO

1h 15'

Suculencia en estado puro

INGREDIENTES

1 kg de cebolletas (12 unidades)
180 ml de nata
120 g de chistorra
15 g de parmesano rallado
250 g de bacalao
sal

TRUCO

Es muy importante precalentar el horno por encima de la temperatura de cocción para compensar la bajada inicial de temperatura cuando se introduce el recipiente.
Así conseguimos una cocción mucho más uniforme y el calor perfectamente repartido por toda la comida.

ELABORACIÓN

Precalentar el horno a 160 °C. Cocer las cebolletas en una cacerola con agua y sal. Llevar a ebullición, bajar el fuego y dejar cocer hasta que las cebolletas estén tiernas (alrededor de 20 minutos).

Mientras tanto, cortar y saltear la chistorra a fuego vivo, reservarla y escurrir del aceite sobrante. Cortar el bacalao en rodajas aproximadamente de unos 3 mm y reservar.

Una vez cocidas las cebolletas, cortarlas en rodajas y colocarlas en un recipiente hondo. Colocar encima las rodajas de chistorra salteadas y verter la nata. Dejar cocinar en el horno 40 minutos a 160 °C. Transcurrido ese tiempo, sacar el recipiente del horno y colocar el bacalao encima.

Espolvorear el queso parmesano finamente rallado por toda la superficie.

ACABADO Y PRESENTACIÓN

Hornear 1 hora y 15 minutos hasta que la
superficie quede un poco gratinada y se forme
una costra. Es una guarnición perfecta
para carnes y pescados, así como plato único,
acompañado de una ensalada verde.

GRATÍN DE **HONGOS** Y **PATATAS**

Un acompañamiento perfecto

1h 30'

INGREDIENTES

400 g de patatas
200 g de hongos frescos
50 g de aceite de oliva
500 ml de nata
40 g de ajo picado
sal y pimienta

TRUCO

Para saltear setas, no llenar mucho la sartén, para que los jugos se evaporen al instante y las setas se doren rápidamente.

ELABORACIÓN

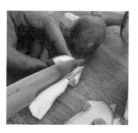

Precalentar el horno a 140 ºC. Pelar las patatas y laminarlas lo más finamente posible con ayuda de una mandolina o de un cuchillo muy afilado. Hacer lo mismo con los hongos, procurando sacar láminas finas y lo más largas posible.

Hervir en una cacerola la nata junto con el ajo, la sal y la pimienta. Cocinar el conjunto a fuego lento durante unos 7 minutos hasta que se espese y coja cierta textura. Colar y reservar.

Por otro lado, poner el aceite de oliva en otra cacerola y cuando esté bien caliente, dorar los hongos laminados por ambos lados.

En una fuente de horno, colocar primero una capa de base de crema de ajo, encima una capa de láminas de patata, sobre ella una capa de hongos salteados y otra capa de crema de ajo. Continuar haciendo capas, de crema, patata y hongos, alternativamente, hasta que se acaben.

ACABADO Y PRESENTACIÓN

Hornear a 210 °C durante 30 minutos y servir.

GRATÍN DE **PATATAS** CON TORTA EXTREMEÑA

1h 20'

Un maravilla celestial

INGREDIENTES

1 kg de patatas
300 g de torta extremeña
300 g de cebolletas
200 g de tocineta ibérica
100 g de vino blanco

TRUCO

Conviene elegir patatas de variedades feculentas, de color canela, azul o morado, si lo que se quiere es una textura seca, crujiente y esponjosa en patatas al horno que vayan a absorber líquidos o grasas sabrosos.

ELABORACIÓN

Cocer las patatas con piel en una olla con agua caliente, sin que llegue a hervir a borbotones para que no se rompan las patatas, durante 30 o 40 minutos. Una vez cocidas, sacarlas del agua, pelarlas, dejarlas enfriar, cortarlas en rodajas y reservar.

Cortar la tocineta en tiras de 3 cm de largo por 1 cm de ancho aproximadamente. Rehogar la tocineta en una sartén antiadherente sin nada de grasa y pasarla a un recipiente con papel absorbente para que pierda el exceso de grasa.

Una vez rehogada la tocineta, cortar la cebolleta en rodajas de 2 mm aproximadamente y rehogarla en la misma sartén de la tocineta sin agregar ninguna grasa. Una vez rehogada la cebolleta, agregar las patatas cortadas, la tocineta, el vino blanco y dejarlo reducir hasta la mitad (unos 3 o 4 minutos).

Pasar el conjunto a una fuente de horno de unos 30 cm y cubrir con el queso extremeño.

ACABADO Y PRESENTACIÓN

Saltear unos segundos los brotes de espinaca y
colocarlos sobre las cocottes ya doradas. Servirán
para guarnición de alguna carne o pescado.

PATATAS EN COCOTTE CON **QUESO**

Una guarnición perfecta

35'

INGREDIENTES

4 patatas medianas
120 g de queso de vaca reblochon
brotes de espinaca

TRUCO

Las patatas han de ser de piel lisa y muy firmes al tacto, pues las que presentan heridas por haber sido mal recolectadas o manipuladas, pierden sus cualidades de sabor y olor. Por regla general, hemos de escogerlas siempre de un tamaño medio, más sabrosas que las excesivamente grandes.

ELABORACIÓN

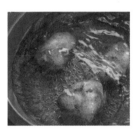

Poner en una olla abundante agua con sal. Cocer las patatas con piel en al agua.

Quitarles la piel a las patatas y hacerles una cruz en la mitad.

Colocarlas en cocottes o moldes individuales y agregar el queso sobre las patatas en partes iguales.

Poner en el gratinador hasta que se doren.

ACABADO Y PRESENTACIÓN

Acompañar con una ensalada de brotes de
canónigos y patatas nuevas aliñadas.

PATATAS CON **QUESO FUNDIDO**

¿Quién se resiste?

1h

INGREDIENTES

200 g de patatas pequeñas
1 queso tierno de oveja
50 ml de txakoli
2 champiñones
50 g de setas de primavera
flor de sal y pimienta
cebollino picado
brotes de canónigos

TRUCO

Podemos sustituir el queso de oveja por el queso que más nos apetezca, eso sí, es necesario que sea de buena calidad, que funda bien y que tenga personalidad.

ELABORACIÓN

Lavar las patatas (si es temporada y son patatas nuevas mejor) y cocerlas en agua hirviendo con sal durante 30 minutos aproximadamente. Pelarlas y reservar.

Pelar y filetear los champiñones y colocarlos en el fondo del recipiente donde se vaya a preparar el queso. Quitarle la cáscara al queso con la ayuda de una puntilla, colocarlo en el recipiente sobre los champiñones de base, agregarle el txakoli por encima, cubrir con papel de aluminio y hornear a 170 ºC durante 15 minutos.

Mientras tanto, saltear las setas. Pasados los 15 minutos, retirar el papel de aluminio (el queso debe estar fundido y ligeramente tostado), agregar las patatas dentro del queso y poner las setas salteadas por encima.

Salar con flor de sal y pimienta recién molida y espolvorear con cebollino picado.

PESCADOS Y MARISCOS

ACABADO Y PRESENTACIÓN

Servir inmediatamente.

COCOCHAS DE **MERLUZA** AL PILPIL

20'

INGREDIENTES

1 kg de cocochas de merluza
½ guindilla fresca
300 ml de aceite de oliva suave
2 dientes de ajo
1 cucharadita de perejil picado
sal

TRUCO

No hay que tirar la salsa que nos haya sobrado de cualquier preparación hecha con cocochas. Es el mejor acompañamiento que puede tener un pescado blanco, ¡un lujazo incluso para sumergir en ella unas patatas o para añadir a un arroz con almejas!

ELABORACIÓN

Colocar el aceite y el ajo en una cazuela de acero inoxidable. Cuando el ajo comience a bailar, es decir, cuando esté dorado, añadir la guindilla y las cocochas, cocinarlas a fuego bajo durante 1 minuto.

Retirar el aceite a una olla para bajarle la temperatura.

Cuando el aceite haya bajado de temperatura, incorporarlo a las cocochas poco a poco, realizando movimientos circulares de vaivén hasta montar el pilpil.

Comprobar la textura de la salsa y, si hiciese falta, agregar unas gotas de agua. Poner a punto de sal y llevar la cazuela al fuego para calentar todo conjuntamente. Añadir el perejil picado.

ACABADO Y PRESENTACIÓN

Dejarlo 1 minuto más y agregar la carne de
los mejillones, el perejil picado y un chorrito
de aceite de oliva crudo por encima.
Remover todo bien y rectificar de sal.

LOMOS DE **MERLUZA** CON MEJILLONES Y ALMEJAS

Un clásico marinero

INGREDIENTES

4 lomos de merluza de 200 g
  cada uno
24 mejillones
20 almejas
1 ajo
1 guindilla
16 g de harina

200 ml de cava
100 ml de agua
15 g de perejil picado
aceite de oliva

TRUCO

Para que la cazuela luzca bien lustrosa es fundamental elegir los lomos que parezcan más jugosos y brillantes, sin espacios entre las capas musculares y sin bordes secos.

ELABORACIÓN

Poner a calentar una cuchara sopera de aceite de oliva en una sartén, agregar el ajo laminado y la guindilla en finas rodajas. Agregar la harina, rehogar un poco sin que llegue a dorar y añadir el cava.

Dejar reducir un poco y agregar el agua, dejar reducir otros 2 minutos aproximadamente y añadir los mejillones. Cuando empiecen a abrirse, ponerlos en una bandeja y separar la carne de las conchas. Reservar la carne.

Colocar la merluza con la piel hacia arriba, las almejas dentro de la salsa y echar un poco de perejil.

Dejar cocinar unos 3 minutos (dependiendo del grosor de la merluza) y darle la vuelta. Las almejas se irán abriendo, cuando estén todas abiertas darle la vuelta a la merluza.

ACABADO Y PRESENTACIÓN

Verter de nuevo los jugos sobre la merluza y
repetir este paso 3 veces en total, haciendo
lo que denominamos los «3 vuelcos».
Espolvorear con perejil y servir.

MERLUZA AL HORNO CON PATATAS Y CEBOLLA

Sencilla suculencia

INGREDIENTES

1 cola de merluza
500 g de cebolla
2 patatas cocidas
75 ml de aceite de oliva
5 g de pimentón
50 ml de aceite de oliva
(refrito)

20 ml de vinagre de sidra
1 pimienta de Cayena
16 g de ajo laminado
perejil picado

TRUCO

Al contrario de lo que suele pensar la gente, es una buena costumbre sazonar con antelación el pescado antes de cocinarlo y guardarlo en la nevera hasta el momento que lo vayamos a utilizar. De esta manera el pescado adquiere mejor sazón.

ELABORACIÓN

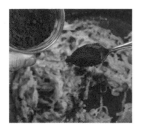

Pochar la cebolla en juliana con los 75 g de aceite de oliva durante unos 30-40 minutos hasta que esté muy rehogada. Agregar el pimentón, mover bien y extender sobre una placa de horno.

Colocar ordenadamente las patatas en rodajas de aproximadamente 5 mm y encima poner la cola de merluza, abierta en libro y sin espinas, con la piel hacia abajo, en contacto con las patatas. Meter al horno a 180 ºC durante 8 minutos.

Colocar los 50 g de aceite de oliva en una sartén junto al ajo y la pimienta de Cayena. Cuando los ajos empiecen a bailar y a tomar color, verter sobre la merluza que se habrá sacado del horno. Colocar el vinagre sobre la misma sartén y verter de nuevo sobre la merluza.

Escurrir todo el jugo y el refrito de la bandeja de horno sobre la sartén y llevar a ebullición.

ACABADO Y PRESENTACIÓN

A la hora de servir, untar cada pincho de merluza, perfectamente rebozado, con una ligera capa de mayonesa de estragón. ¡Y a comer!

MERLUZA CON MAYONESA DE **ESTRAGÓN**

15'

Sublime delicadeza

INGREDIENTES

Para la mayonesa de estragón
100 g de hojas de espinaca
100 g de estragón
120 g de mayonesa
50 ml de nata
3 filetes de anchoa en salazón

Para la merluza
500 g de merluza
ajo en láminas
una pizca de pimienta
 de Cayena
aceite de oliva virgen

TRUCO

Si utilizas una batidora para hacer la mayonesa, ten cuidado de no trabajar en exceso la salsa, ya que se calentaría y se cortaría. Para el motor cuando hayas añadido la última gota de aceite.

ELABORACIÓN

Para la mayonesa de estragón, quitar los tallos al estragón y a las espinacas. Blanquear todas las hojas juntas durante 1 minuto y pasar a un baño frío.

Escurrir bien y triturar hasta obtener un puré. Añadir la mayonesa, la nata y los filetes de anchoa muy picaditos. Triturar bien hasta que quede lisa. Rectificar el sazonamiento si fuera necesario.

Para la merluza, quitarle la piel y limpiarla bien. Cortar en rectángulos de aproximadamente 4 cm de largo por 3 de ancho y 1 de espesor. Pinchar los trozos de merluza con palillos chinos. Hacer un refrito con el aceite, el ajo y la cayena.

Colocar en una placa de horno, sazonar y poner en el horno a 240 ºC durante 1 ½ minutos. Sacar del horno y echar por encima el refrito hecho con el aceite, el ajo y la cayena. Recoger los jugos y repetir la operación dos veces.

ACABADO Y PRESENTACIÓN

Servir los lomos de merluza acompañados
del pak choi.

MERLUZA CON PAK CHOI

Sano y con chispa

INGREDIENTES

2 lomos de merluza
   (200 g cada uno)
1 cucharada de aceite de oliva
1 diente ajo fileteado
½ guindilla fresca
50 ml de aceite de oliva suave
1 cucharada de vinagre de
   sidra
sal

Para el pak choi
500 g de pak choi
100 g de mantequilla
una pizca de azafrán
sal y pimienta

TRUCO

El pak choi ofrece un sabor ligeramente amargo, similar también a nuestra acelga, y su uso culinario es el mismo, pero hay que tener cuidado ya que no está recomendado para largas cocciones.

ELABORACIÓN

Separar las pencas de las hojas del pak choi y cortar las pencas en juliana. Saltear las pencas en una cazuela con mantequilla y una pizca de sal y pimienta durante 5 minutos aproximadamente (deben quedar crujientes).

Añadirle los pistilos de azafrán, mezclar, quitar del fuego y reservar. Saltear las hojas en una sartén con mantequilla, durante 2 minutos y salpimentar.

Sazonar los lomos de merluza. Marcarlos en una sartén antiadherente con la cucharada de aceite de oliva, durante 3 minutos por cada lado (según el grosor de la merluza).

Hacer un refrito de aceite, ajos y guindilla. Cuando el ajo esté de color anaranjado, volcar todo sobre los lomos de meluza. Añadir el vinagre de sidra en la sartén del refrito, recuperar el aceite con el vinagre y repetir esta operación 2 veces más para que todos los jugos emulsionen y quede mucho más sabroso.

ACABADO Y PRESENTACIÓN

Añadir la nata a la sartén y dejar que hierva
unos segundos, montar la salsa con un poco de
mantequilla, unas gotas de limón, el Noilly Prat
y salpimentar. Disponer los lomos de merluza en
una bandeja sobre las verduras y verter la salsa.

MERLUZA AL VAPOR «VIEJUNA»

35'

INGREDIENTES

1 centro de merluza de 700 g
1 zanahoria pelada, en tiras medianas
1 puerro cortado en tiras medianas
1 calabacín
un puñado de vainas limpias
2 granos de pimienta negra
1 cebolleta tierna picada

un chorrito de vinagre de sidra
1 vaso de txakoli
un chorrito de nata
2 cucharadas de mantequilla
un chorrito de vermut Noilly Prat
1 limón
aceite de oliva
sal y pimienta

TRUCO

Como cualquier pescado que escojamos, la piel de la merluza ha de ser húmeda, satinada y lisa, y no tener nunca la carne flácida, sino de tacto firme y compacto. Como siempre, no olvidarse de que los ojos deben estar brillantes y las agallas de un rojo vivo.

ELABORACIÓN

Cortar el calabacín en tiras medianas. En una olla hervir agua, añadir sal, la zanahoria, el puerro, las vainas, el calabacín y los granos de pimienta.

Mientras, cortar los lomos de merluza sobre la tabla y sazonarlos. Colocar los lomos encima de la rejilla de una vaporera y sobre la olla. Cubrir y cocinar 8 minutos.

En una sartén honda, sofreír la cebolleta con mantequilla. Mojar con el vinagre y cuando hierva, verter el txakoli, dejando reducir casi a seco.

Escurrir las verduras del agua en un colador.

ACABADO Y PRESENTACIÓN

Poner a punto de sal, espolvorear con el perejil
si se quiere y servir. También se puede añadir
alguna hoja de menta para decorar.

BACALAO CON GUISANTES Y TOCINETA

Cazuela de campeonato

INGREDIENTES

200 g de bacalao desmigado
150 g de tocineta
1 kg de guisantes frescos (350 g limpios)
2 cebolletas
200 ml de nata
1 pastilla de caldo de ave
200 ml de agua
sal y pimienta
1 cucharada de perejil picado

TRUCO

Hay que fijarse bien al comprar los guisantes, las vainas deben estar libres de marcas, tersas y con un color verde brillante; de este modo son un producto jugoso, tierno y dulce.
Hay variedades excepcionales, como los tirabeques o el guisante de lágrima, que también se conoce como caviar vegetal.

ELABORACIÓN

Limpiar los guisantes. Cocerlos en abundante agua con sal durante 10 minutos. Refrescar en agua con hielo. También se pueden utilizar guisantes extra finos congelados que se añaden después directamente a la cazuela.

En otra cazuela hervir el agua y agregar la pastilla de caldo. Reservar caliente. Cortar la cebolleta en juliana fina. Dorar las tiras de tocineta sin aceite durante 3 minutos. Agregar la cebolleta y rehogar todo junto 5 minutos más, a fuego medio sin que coja color.

Añadir el caldo y dejar reducir a la mitad. Incorporar la nata y hervir 2 minutos para que coja el sabor de la tocineta.

Agregar el bacalao, cocer otros 2 minutos y agregar los guisantes. Cocer todos los ingredientes juntos otros 4 minutos a fuego pausado, hasta que la salsa espese.

ACABADO Y PRESENTACIÓN

Sacar el bacalao del aceite, escurrir bien y servir
acompañado de la mayonesa de anguila.

BACALAO CON MAYONESA DE **ANGUILA AHUMADA**

Pura sutileza

35'

INGREDIENTES

400 g de lomo de bacalao
  desalado
400 ml de aceite de oliva suave

**Para la mayonesa de anguila
  ahumada**
300 ml de aceite de oliva suave
2 yemas de huevo

1 cucharada de vinagre de
  sidra
1 cucharadita de mostaza de
  Dijon
100 g de anguila ahumada
20 ml de agua
½ cucharadita de perejil
  picado
sal

TRUCO

Con el aceite de confitar
el bacalao podemos hacer
después una mayonesa con
todo el sabor a pescado,
perfecta para acompañar unas
patatas recién cocidas.

ELABORACIÓN

Precalentar el horno
a 160 ºC. Con la
ayuda de una cuchara
quitar las escamas
del bacalao desalado
en la parte de la piel.

Cortar el bacalao en
tacos de unos 200 g
cada uno. Colocarlos
en una bandeja de
horno con paredes
altas, con la piel
hacia arriba.
Añadir el aceite
hasta cubrir bien.
Hornear durante
8 minutos. Retirar del
horno y dejar reposar
otros 5 minutos.

Para la mayonesa de
anguila ahumada,
picar finamente la
anguila ahumada y
reservar. Colocar las
yemas de huevo en
un vaso de túrmix,
añadir la mostaza
de Dijon y el vinagre.
Agregar el aceite de
oliva en hilo fino y
montar la mayonesa,
a mano o bien con
batidora.

Pasar la mayonesa
a un bol, agregar la
anguila reservada,
poner a punto de sal.
Añadir el perejil,
mezclar bien y
reservar en frío.

ACABADO Y PRESENTACIÓN

Fuera del fuego regar con un hilo de aceite crudo.

BACALAO EN SALSA VERDE

30'

INGREDIENTES

4 filetes de bacalao fresco
2 cebolletas tiernas muy
  picadas
4 dientes de ajo picados
1 pimienta de Cayena
un chorro de txakoli
200 ml de caldo de pescado
  (o agua con 1 pastilla)
una pizca de harina
perejil picado
aceite de oliva y sal

Además
tres puñados de patatas
  nuevas pequeñas, cocidas
  y peladas
un puñado grande de
  guisantes tiernos pequeños,
  pelados

TRUCO

A la hora de comprar el
bacalao fresco fijarse que los
trozos no sean demasiado
amarillos ni demasiado
blancos, ya que esto último
podría indicar que ha sufrido
un lavado sódico.

ELABORACIÓN

Poner en una cazuela
amplia el aceite de
oliva, las cebolletas,
el ajo y la cayena.
Cortar el bacalao en
trozos sobre la tabla.
Pasar los filetes
ligeramente por
harina y colocarlos
en la cazuela con la
piel hacia arriba.

Añadir el txakoli,
reducir, y verter el
caldo poco a poco,
sin dejar de menear
la cazuela. Por acción
del calor, el bacalao
sollará sus jugos y
su gelatina y la salsa
ligará con facilidad.

Partir las patatas
en pequeñas rodajas
y añadirlas a la
cazuela, sin dejar
de menear.

Mantener el bacalao
a fuego suave unos
5 minutos, añadiendo
caldo poco a poco.
Rectificar la sazón,
agregar el perejil y
los guisantes tiernos.

ACABADO Y PRESENTACIÓN

Retirar del fuego, espolvorear con el cebollino
picado y servir.

BACALAO Y COCOCHAS CON TOMATE

Un clásico de relumbrón

40'

INGREDIENTES

600 g de bacalao desalado
    en tacos (unos 150 g cada
    unidad)
600 g de cocochas de bacalao
1 bote de tomate frito
    (unos 400 g)
1 diente de ajo
1 guindilla fresca

2 cebolletas picadas
    finamente (200 g)
125 ml de txakoli
6 cucharadas de aceite de
    oliva virgen extra
2 cucharadas de cebollino
    picado
sal

TRUCO

A la hora de desalar el bacalao es importante colocar las tajadas de bacalao dentro del agua con la piel hacia arriba, ya que de lo contrario la piel actúa como una coraza que dificulta la salida de la sal y tiende a concentrarse en esa zona.

ELABORACIÓN

Colocar el aceite de oliva en una cazuela baja de acero inoxidable y añadir las cebolletas y el ajo. Rehogar todo durante 7 minutos a fuego bajo para que no coja color y no quede el regusto amargo. Agregar la guindilla, sin las pepitas y finamente picada. Rehogar todo 2 minutos más.

Mojar con el txakoli, reducir a la mitad para quitar la acidez, y añadir el tomate frito. Cocer 3 minutos.

Agregar las cocochas cortadas por la mitad o en cuatro (si son muy grandes) y guisar 7 u 8 minutos.

Hacer unos huecos en la preparación, añadir el bacalao previamente desalado con la piel hacia arriba y guisar 5 minutos más a fuego medio. Darle la vuelta y guisar otros 3 minutos o hasta que el calor llegue al corazón del bacalao.

ACABADO Y PRESENTACIÓN

Servir los palitos acompañados con la mayonesa
de pimiento choricero.

BOCADOS CRUJIENTES DE BACALAO

Tentación de bocado

35'

INGREDIENTES

10 palitos de bacalao desalado
1 paquete de pasta brick
aceite de girasol para freír

**Para la mayonesa de
pimiento choricero**
150 g de mayonesa
50 g de pulpa de pimiento
    choricero

40 g de chistorra
10 ml de leche de coco
10 ml de vodka
sal y pimienta

Además
40 g de maicena
25 ml de agua

TRUCO

Para desgrasar un poco la preparación, se puede pinchar la chistorra con unas púas de tenedor y hervirla una primera vez. Así eliminamos el primer rastro de grasa de la chistorra y, una vez bien escurrida, la volvemos a introducir en agua limpia hirviendo.

ELABORACIÓN

Para la mayonesa de pimiento choricero, cocer la chistorra en agua hirviendo 10 minutos. Retirarla y escurrir la grasa que ha soltado. Cortar la chistorra en trozos de aproximadamente 2 cm.

Colocar todos los ingredientes en un vaso de túrmix y triturar todo junto hasta que quede bien homogéneo. Pasar la mezcla por un colador fino y poner a punto de sal y pimienta. Conservar en la nevera, tapada con papel film.

Cortar las barritas de bacalao por la mitad. Envolver cada una con la pasta brick, como si se tratara de bombones. Disolver la maicena o harina de maíz con el agua y utilizarla para pegar la pasta brick.

Pegar los extremos de pasta brick, pincelando con la mezcla de agua y maicena. Dejar unos minutos para que se peguen bien y no se abran al freírlos. Freír los palitos en abundante aceite a 180 ºC durante 2 o 3 minutos.

ACABADO Y PRESENTACIÓN

Agregar poco a poco el puré hasta que
se homogeneice el pilpil con los piquillos.
Calentarlo de nuevo y retirar. Poner a punto
de sal, espolvorear con perejil picado y servir.

COCOCHAS COMUNISTAS

Unas cocochas diferentes

40'

INGREDIENTES

600 g de cocochas de bacalao cortadas
  en 6 trozos
150 ml de aceite de oliva
2 ajos fileteados
1 guindilla
125 g de pimientos del piquillo
50 ml de agua
perejil picado

TRUCO

Si compramos cocochas frescas, cuanto más recientes, mejor. Si nos dejan hundir la mano en ellas, tienen que estar babosas y oler a fresco. También las hay congeladas en el mercado, de muy buena calidad, listas para cocinar en salsa o rebozadas. Al ser tan finas, pueden añadirse a la olla casi sin descongelar, siempre que estén bien sueltas y no formen un bloque.

ELABORACIÓN

Colocar el aceite en una cazuela antiadherente baja y ancha, con el ajo y la guindilla.

Poner al fuego y cuando el ajo baile, es decir, cuando esté dorado, agregar las cocochas y dar un movimiento giratorio a la cazuela hasta que estén cocinadas. Pasar el aceite a una bandeja fría para que baje su temperatura.

Ir agregando de nuevo el aceite a la cazuela fuera del fuego hasta que se ligue el pilpil. Reservar.

Triturar los pimientos del piquillo con el agua hasta obtener un puré.

ACABADO Y PRESENTACIÓN

Servir inmediatamente.

COCOCHAS CON PATATAS Y PIMIENTOS

30'

INGREDIENTES

600 g de cocochas de bacalao
1 patata
1 guindilla fresca picada sin pepitas
2 cebolletas picadas
4 dientes de ajo fileteados
2 pimientos verdes picados
6 cucharadas de aceite de oliva virgen extra
cebollino picado
sal

TRUCO

Si nos ha sobrado salsa de cualquier preparación hecha con cocochas, no hay que tirarla, ya que es el mejor acompañamiento que puede tener un pescado blanco. Con toda la gelatina que desprenden las cocochas habrá salido una salsa súper emulsionada.

ELABORACIÓN

Rehogar la cebolleta, el ajo y el pimiento verde con las 4 cucharadas de aceite. Añadir la patata cortada en dados pequeños de aproximadamente 5 mm. Seguir cocinando a fuego bajo y tapado durante 8 minutos, moviendo con cuidado hasta que esté todo hecho.

Una vez bien pochada la verdura y la patata, reservar el aceite de sudar de la cebolleta. Añadir la guindilla fresca picada y sin pepitas. Colocar encima las cocochas cortadas por la mitad y cocinar tapado durante 5 minutos.

Transcurrido ese tiempo, echar el aceite en otro recipiente para que se enfríe, añadir 2 cucharadas más e ir montando el pilpil vertiendo el aceite en hilo a la cazuela mientras se hacen continuos movimientos de vaivén hasta que ligue perfectamente.

Espolvorear con cebollino picado.

ACABADO Y PRESENTACIÓN

Poner a punto de sal, espolvorear con cebollino
picado y servir.

COCOCHAS DE BACALAO
CON GUISANTES

30'

Bocado celestial

INGREDIENTES

700 g de cocochas de bacalao
200 g de guisantes
250 ml de aceite de oliva suave
1 diente de ajo picado
½ guindilla
1 cucharada de cebollino picado
sal

TRUCO

Si compramos las cocochas en salazón, antes de cocinarlas las tendremos que desalar en agua durante unas 24 horas aproximadamente, cambiándoles el agua tres veces.

ELABORACIÓN

Limpiar las cocochas de bacalao, cortar las grandes en cuatro y las pequeñas por la mitad, y reservar en frío. Poner el aceite de oliva en una cazuela baja y ancha y agregar el ajo picado y la guindilla. Arrimar al fuego y cuando el ajo comience a bailar, agregar las cocochas con la piel hacia arriba.

Cocer las cocochas a fuego medio unos 5 minutos, con movimientos giratorios y continuos de la cazuela. Pasado este tiempo, retirar la cazuela del fuego, escurrir el aceite y reservarlo a temperatura tibia. Agregar los guisantes a la cazuela con las cocochas.

Ligar el pilpil con los guisantes vertiendo el aceite poco a poco, a la vez que se dan movimientos de vaivén a la cazuela fuera del fuego.

Cuando esté ligado, y tenga la consistencia de un pilpil, poner la cazuela de nuevo a fuego suave y mantener 3 o 4 minutos para que se integren los distintos sabores.

ACABADO Y PRESENTACIÓN

Retirar del fuego y añadir el cebollino picado
antes de servir. También se pueden añadir al final
algunos germinados que le vayan bien al plato.

COCOCHAS DE **BACALAO** CON **GULAS**

Conexión total

30'

INGREDIENTES

500 g de cocochas de bacalao
500 g de gulas
12 cucharadas de aceite de oliva suave
2 dientes de ajo
½ pimienta de Cayena
1 cucharada de cebollino picado
sal

TRUCO

Es mejor contar con cocochas frescas pero también las hay congeladas en el mercado, de muy buena calidad, listas para poder cocinar. Al ser tan finas, pueden añadirse a la olla casi sin descongelar, siempre que estén bien sueltas y no formen un bloque.

ELABORACIÓN

Limpiar las cocochas y cortarlas en pequeños dados de aproximadamente 1 cm.

En una cazuela con paredes bajas, colocar el aceite de oliva suave, el ajo y la cayena, arrimar al fuego, y cuando el ajo comience a bailar agregar las cocochas. Cocer a fuego medio durante 7 minutos aproximadamente.

Retirar del fuego y escurrir el aceite a un cuenco frío para bajarle la temperatura y que ligue después con mucha más facilidad. Poco a poco, ir agregando el aceite nuevamente sobre las kokotxas para formar el pilpil, dando a la cazuela movimientos circulares.

Una vez ligado el pilpil, agregar las gulas y calentar todo junto.

ACABADO Y PRESENTACIÓN

Se pueden comer fríos con la salsa también fría o calentarlos en el horno unos minutos y servirlos con la salsa caliente. Aliñar unas hojas de perejil, chalotas en tiras, salpimentar y colocar sobre los pimientos.

PIQUILLOS RELLENOS DE BRANDADA

45'

INGREDIENTES

30 pimientos del piquillo para rellenar
500 g de bacalao desalado (2 lomos gruesos)
700 g de patatas medianas peladas
1 ramillete de perejil fresco
5 dientes de ajo picados
un chorrito de aceite de oliva
1 cucharada de tomate concentrado

1 cucharada de mayonesa
un chorrito de vinagre de sidra
una pizca de tabasco
una pizca de pimentón de La Vera picante
un puñado de hojas de perejil
1 chalota en tiras muy finas
sal y pimienta

TRUCO

A la hora de desalar el bacalao es conveniente colocar las tajadas dentro del agua con la piel hacia arriba, porque de lo contrario, la piel actúa como una coraza que dificulta la salida de la sal y esta tiende a concentrarse en esa zona.

ELABORACIÓN

Trocear las patatas, cubrirlas con agua con una pizca de sal y cocer 25 minutos a fuego suave. Meter los lomos de bacalao en el microondas, 5 minutos a máxima potencia. Picar el perejil. Para la salsa batir 10 pimientos del piquillo con el tomate concentrado, la mayonesa, el pimentón, el vinagre, el tabasco, aceite de oliva y sal.

En una olla poner aceite con los ajos y el perejil, rehogar sin que cojan color y añadir el bacalao desmigado con las manos y las pieles. Agregar la pimienta.

Con un machacador, triturar las patatas y añadirlas al bacalao. Fuera del fuego, rectificar la sazón, espolvorear con perejil picado y aceite de oliva crudo.

Rellenar con esta brandada los 20 pimientos del piquillo, con la ayuda de una manga.

ACABADO Y PRESENTACIÓN

Poner a punto de sal y dejar reposar durante unos
5 minutos para que se integren todos los sabores
bien y el bacalao se acabe de cocinar.

OBSERVACIONES

Con lo que sobra, al día siguiente podríamos
añadir 2 huevos batidos dándoles vueltas hasta
que cuajen y así enriquecer el plato.

SOPA DE AJO CON BACALAO

Sabor de arrieros

55'

INGREDIENTES

16 dientes de ajo laminados
80 ml de aceite de oliva
50 g de pan sopako o especial
   para sopas en láminas finas
1 guindilla seca
una pizca de pimentón de
   La Vera

1 cucharada de pulpa de
   pimiento choricero
8 cucharadas de salsa de tomate
2 litros de agua
600 g de bacalao
huevos
sal

TRUCO

Al añadir el pimentón hay
que tener mucho cuidado con
el tiempo y la temperatura
del fuego, si se quemase
amargaría todo el plato
y tendríamos que volver
a empezar.

ELABORACIÓN

Calentar el ajo junto
con el aceite en una
sartén hasta que
empiece a bailar,
es decir, cuando
esté dorado.
Agregar el pan
sopako, la guindilla
seca y remover
con una cuchara
de madera durante
unos 10 minutos
aproximadamente.

Pasado ese tiempo,
añadir el pimentón
de La Vera y remover,
sin que se queme,
durante 1 minuto a
fuego no muy fuerte.
Agregar la pulpa del
pimiento choricero y
la salsa de tomate,
cocer 2 minutos más
sin parar de remover.

Verter el agua y cocer
30 minutos más a
fuego lento.

Transcurrido ese
tiempo, agregar el
bacalao cortado en
tacos de 3 cm
aproximadamente,
con la piel hacia
arriba y sin que
hierva.

ACABADO Y PRESENTACIÓN

Volver a volcar el refrito sobre el pescado
efectuando la misma operación que hemos hecho
anteriormente 2 veces más, llevando a cabo lo
que denominamos los «tres vuelcos».
Espolvorear con el perejil picado y servir.

LUBINA CON REFRITO DE **KÉTCHUP** Y **SOJA**

Con un toque distinto

INGREDIENTES

1 lubina limpia de 1 kg
100 ml de aceite de oliva
2 dientes de ajo fileteados
2 cucharadas de salsa de soja
1 cucharada de kétchup
una pizca de pimienta de Cayena
1 cucharada de perejil picado
sal

TRUCO

La salsa de soja ya es bastante salada, así que conviene sazonar el pescado ligeramente para no pasarnos.
Si después al probar el pescado vemos que le falta sazón siempre estamos a tiempo de rectificar.

ELABORACIÓN

Limpiar bien la lubina de escamas, tripas y agallas. Abrirla en forma de libro y reservar en frío.

Sazonar ligeramente y rociar con un poco de aceite de oliva. Cocinarla en una sartén antiadherente 8 minutos del lado de la piel y 4 o 5 minutos del lado de la carne.

Mientras, en otra cazuela, preparar el refrito con el aceite, el ajo fileteado sin germen y la cayena. Cuando el ajo comience a dorarse, retirarlo del fuego para que no se queme y volcarlo sobre la lubina, recuperar el refrito y repetir esta operación otra vez.

Al recuperar el aceite del refrito, agregarle el kétchup y la salsa de soja, mezclar bien y calentarlo.

ACABADO Y PRESENTACIÓN

Rectificar de sal. Reducir la salsa o diluir con
caldo. Espolvorear perejil.

ALLIPEBRE DE RAPE, LANGOSTINOS Y ALMEJAS

1h 15'

INGREDIENTES

Para el caldo

1 cabeza de rape en pedazos
   pequeños
cáscaras de langostinos
   y carabineros
1 cucharada de tomate
   concentrado
1 cebolleta
1 puerro
1 atadillo de rabos de perejil
aceite de oliva
agua

Además

8 dientes de ajo pelados
un puñado de almendras con piel
1 trozo de pan sopako o
   especial para sopas
1 cucharada de pimentón de
   La Vera
una pizca de pulpa de guindilla
4 patatas peladas
1 cola de rape hermosa, sin
   pellejo y con espina
12 langostinos pelados
4 carabineros pelados
dos puñados de almejas
perejil picado
aceite de oliva

TRUCO

Hay que cuidar mucho el
punto de cocción del rape, ya
que si está demasiado hecho
se vuelve seco y estropajoso.
Por eso es aconsejable cortar
los lomos en medallones
gruesos, para conservar así
intacta su textura tersa y
jugosa.

ELABORACIÓN

Para el caldo,
rehogar las cáscaras
y la cabeza en una
olla dándoles un
punto de coloración.
Añadir el tomate,
la cebolleta, el
puerro y el perejil.
Cubrir con agua y
hervir 20 minutos.
Colar y dejar reducir
10 minutos para que
quede concentrado.

En una olla amplia,
poner aceite con
los ajos troceados
toscos, las
almendras y el pan.
Dejar que se pochen
sin dorar demasiado,
acercando y alejando
del fuego. Escurrir
y pasar todo a un
mortero.

En el aceite añadir el
pimentón, la guindilla
y el caldo. Cortar las
patatas y agregarlas
a la olla, mirando que
queden cubiertas por
el caldo. Sazonar.
Cocer 20 minutos
a fuego suave.

Majar el contenido
del mortero. Trocear
el rape sobre la tabla
y sazonar. Meter el
pescado en la olla
junto con las almejas
y cocer 3 minutos.
Sazonar los
langostinos y los
carabineros, y
añadirlos al guiso
junto con la picada.

ACABADO Y PRESENTACIÓN

Añadir primero las almejas con concha y luego
la carne de las almejas restantes.
Dar un último hervor para que todo se integre
bien, rectificar de sal, espolvorear con cebollino,
una cucharada de aceite de oliva y servir bien
caliente.

ALMEJAS CON **RAPE** Y PASTA NEGRA

Marinera singular

30'

INGREDIENTES

2 rapes pequeños
sal

Para las almejas a la marinera
1 kg de almejas
75 ml de aceite de oliva
20 g de ajo picado
25 g de harina
200 ml de agua o caldo de pescado

150 ml de txakoli
una pizca de pimienta de Cayena

Además
50 g de mantequilla
50 ml de nata
1 cucharada de aceite de oliva
350 g de pasta negra de chipirón
cebollino picado

TRUCO

Hemos de cuidar mucho el punto de cocción del rape, ya que si está demasiado hecho se vuelve seco y fibroso.
Por eso es aconsejable cortar los lomos, previamente despojados de sus finos pellejos y sin espina, en medallones un poco gruesos, para conservar así intactos su suavidad y sabor.

ELABORACIÓN

Cortar el rape en trozos de 10 cm de largo aproximadamente. Cortar la pasta con las manos y cocerla en abundante agua con sal durante 4 minutos. Refrescar y reservar.

En una cazuela agregar los 75 g de aceite, el ajo picado y la cayena. Cuando el ajo empiece a bailar, es decir, cuando esté dorado, añadir la harina y dejar rehogar durante 3 minutos. Añadir el txakoli, reducir un poco, y verter el agua o caldo de pescado.

Cuando vuelva a hervir, añadir las almejas y cocer a fuego vivo tapado hasta que se abran. Cuando estén abiertas, retirar las almejas y quitarles la concha a la mitad. Reservar.

En la cazuela, con el jugo que han soltado las almejas, verter la pasta y el rape. A los 3 minutos, dar la vuelta al rape, agregar la nata y la mantequilla y cocer 3 minutos más.

ACABADO Y PRESENTACIÓN

Añadir el vinagre de sidra en la misma sartén
del refrito, recuperar el aceite con el vinagre y
volcarlo sobre el pescado. Repetir esta operación
2 veces más. Servir junto con la pasta.

PASTA CON RAPE Y REFRITO

INGREDIENTES

Para la pasta
300 g de orecchiette
50 g de mantequilla
1 litro de caldo de ave
150 g de cebollas
200 ml de vino blanco
30 ml de aceite de oliva virgen
   extra
30 g de parmesano rallado
sal y pimienta

Para el rape con refrito
200 g de lomo de rape
25 ml de aceite de oliva suave
½ guindilla fresca
1 diente de ajo
1 cucharada de vinagre
   de sidra

TRUCO

Al contrario de lo que suele pensar la gente, es una buena costumbre sazonar con mucha antelación el pescado antes de cocinarlo para que el punto de sazón sea perfecto. Cuando llegamos de la compra a casa, antes de guardarlo y si no lo vamos a consumir rápidamente, conviene espolvorearlo con sal y ponerlo en la nevera.

ELABORACIÓN

Picar la cebolla en brunoise (dados pequeños). Rehogarla en una cazuela con el aceite de oliva. Añadir la pasta y seguir la cocción durante otros 2 minutos.

Desglasar con el vino blanco, agregar el caldo de ave caliente poco a poco y darle vueltas como si se tratara de un risotto durante 14 minutos. Cuando la pasta esté en su punto, finalizar la cocción añadiendo el parmesano rallado. Mezclar bien y rectificar de sal y pimienta.

Para el rape con refrito, pelar el ajo, quitarle el germen y filetearlo. Quitar las pepitas de la guindilla y filetearlas igualmente. Sazonar el rape y marcarlo por sus dos caras 5 minutos por cada lado.

Hacer un refrito con el aceite, los ajos y la guindilla. Cuando el ajo esté de color dorado, volcarlo todo sobre el rape.

ACABADO Y PRESENTACIÓN

Espolvorear el rape con perifollo y servir sobre
los puerros jóvenes estofados. Rematar con unas
gotas de aceite negro.

RAPE ASADO CON PUERROS

50'

INGREDIENTES

1 cola de rape (1,5 kg)
perifollo picado
sal

Para el refrito
1 diente de ajo fileteado
½ pimienta de Cayena fresca
100 ml de aceite de oliva suave
1 cucharada de vinagre de
   sidra
sal

Para el aceite negro
100 g de olivas negras sin
   hueso
10 alcaparras
5 filetes de anchoa (10 g)
100 ml de aceite de oliva
   virgen extra

Además
200 g de puerros jóvenes
50 g de tocineta ibérica
25 g de mantequilla
sal

ELABORACIÓN

Para el aceite negro, mezclar con una túrmix las aceitunas y las alcaparras, triturar y, poco a poco, incorporar el aceite hasta obtener un aceite negro bien liso. Al final agregar las anchoas y reservar.

Salar el rape y marcarlo en una sartén antiadherente por sus dos caras aproximadamente 7 minutos por cada lado (dependiendo siempre del tamaño del pescado).

Hacer un refrito con el aceite, el ajo y la cayena, y volcarlo sobre el rape. En la misma sartén añadir el vinagre de sidra y verterlo sobre el pescado. Volver a volcar el refrito sobre el rape. Recuperar nuevamente el refrito y el jugo que suelte el rape y añadir una cucharada de aceite negro. Calentarlo unos segundos y volcarlo sobre el rape.

Estofar los puerros jóvenes en mantequilla con unos lardones finos de tocineta alrededor de 15 minutos, los primeros 5 destapados y los otros 10 con tapa, sin que cojan color.

ACABADO Y PRESENTACIÓN

Acompañar el rape con la salsa de pimientos y
tomate dispuesta por encima de los lomos.

RAPE CON SALSA DE PIMIENTOS

Un acompañamiento con personalidad

30'

INGREDIENTES

4 rapes de ración
4 dientes de ajo
240 ml de aceite
40 ml de vinagre de sidra

Para la salsa
40 ml de aceite de oliva
100 g de cebolletas
350 g de pimientos del piquillo
200 ml de tomate frito
100 ml de caldo
1 pimienta de Cayena
sal y pimienta negra

TRUCO

Para comprobar si el pescado está hecho, lo mejor es separar dos capas de carne y mirar. Si no está hecho, se verá todavía translúcido y compacto, en cambio si ya está cocinado tendrá una pequeña zona translúcida en el centro y se separará con más facilidad.

ELABORACIÓN

Para la salsa, calentar el aceite en un cazo, agregar las cebolletas picadas y dejar cocinar durante 8 minutos sin que se doren. Añadir los pimientos y sofreírlos durante 1 minuto, agregar el tomate frito, el caldo y la cayena. Llevar a ebullición.

Introducir en la thermomix o batidora americana y triturar. Pasar por un colador fino y salpimentar.

Dorar los rapes por ambos lados en una sartén antiadherente, unos 3 minutos de cada lado.
Hacer un refrito con el aceite y el ajo y verter sobre el rape.

Echar el vinagre a la sartén del refrito, calentar un poco y verter de nuevo sobre el pescado. Recuperar esta salsa del refrito llevándola a la sartén otra vez, para que se mezclen todos los jugos. Repetir esta operación 3 veces y en la cuarta vez mezclar con dos cucharadas de la salsa. Verter de nuevo sobre el pescado y servir.

ACABADO Y PRESENTACIÓN

Por último, añadir las yemas de espárragos
y los huevos duros cortados en cuartos.
Dar un último hervor y espolvorear con
el perejil picado. Servir bien caliente.

RAPE EN SALSA MUY VERDE

Intensidad de color y sabor

30'

INGREDIENTES

½ kg de rape en rodajas
de 2 cm
100 g de almejas
50 ml de aceite de oliva virgen
extra
100 g de cebolletas picadas
2 dientes de ajo
½ cucharada de perejil picado
250 g de hojas de espinacas

4 yemas de espárragos
blancos de conserva
50 g de guisantes extrafinos
2 huevos duros
½ vaso de txakoli
una pizca de bicarbonato
1 pimienta de Cayena
sal

TRUCO

Las almejas se pueden
guardar en el frigorífico hasta
una semana envueltas en un
paño mojado sin apretar.
Antes de cocinarlas, hay que
purgarlas sumergiéndolas
durante bastante tiempo en
agua fría con unos 20 g de sal
(un tercio de taza) por litro de
agua.

ELABORACIÓN

En una olla con
agua hirviendo,
agregar una pizca de
bicarbonato, escaldar
las espinacas 10
segundos y refrescar
en agua con hielo.
Formar una bola con
las espinacas para
poder escurrirlas
bien. Triturar la bola
de espinacas con un
poco de aceite de
oliva en una batidora
de vaso americano
y reservar.

Por otra parte, en
una cazuela, echar
el aceite, el ajo y la
cayena, y cuando
el ajo comience a
rehogar agregar las
cebolletas picadas.
Dejar dorarse hasta
que la verdura esté
blanda, pero sin que
coja color. Añadir
entonces el txakoli
y un poco de agua.

Incorporar las
almejas y el rape
previamente
sazonado, y cocer
durante de 8 minutos
por ambos lados. Ir
mojando con el agua
que van soltando
las almejas si fuera
necesario.

Agregar los
guisantes y el puré
de espinacas, y
dejar que todos
los ingredientes se
mezclen bien.

ACABADO Y PRESENTACIÓN

Añadir las almejas y dejar que se abran en la
salsa unos minutos. Agregar los mejillones
limpios y el perejil.

SUQUET DE RAPE, MEJILLONES Y ALMEJAS

Esencia marina

40'

INGREDIENTES

14 patatas nuevas pequeñas
 y redondas, peladas
3 dientes de ajo con su piel
50 g de tocineta de cerdo en
 tiras
una pizca de mantequilla
1 lomo de rape de 500 g
200 g de tripas de bacalao
 blanqueadas
750 g de mejillones limpios
3 dientes de ajo picados

1 pimienta de Cayena
un puñado de tomates cherry
200 ml de salsa de tomate
1 cucharada de pulpa de
 pimiento choricero
un chorrito de txakoli
650 g de almejas
perejil picado
alioli espeso
aceite de oliva
azúcar
sal

TRUCO

El pescado se vuelve frágil al cocinarlo, por lo tanto, para mantenerlo intacto se debe reducir al mínimo la manipulación, tanto en la cocción como al servirlo. Hay que cortar limpiamente las porciones antes de cocinarlas y sostener los trozos con una espátula ancha cuando se los mueva.

ELABORACIÓN

En una sartén antiadherente asar en mantequilla las patatas, los ajos con su piel aplastados, la tocineta y la sal. Dejar que tomen color.

Trocear el rape sobre una tabla y salarlo. En una cazuela ancha y baja, con un poco de aceite, dorar el rape por sus dos caras y retirarlo en un plato. Bajar el fuego y añadir aceite de oliva, el ajo picado, la cayena, los tomates, la salsa de tomate y el pimiento choricero. Rehogar. Aplastar los tomates con una cuchara de madera y condimentar con sal y azúcar.

Añadir un chorrito de txakoli y los mejillones. Esperar a que se abran. Escurrir los mejillones y pasarlos a un bol. Retirar todas las valvas y dejarlos limpios. Incorporar las patatas asadas 35 minutos, escurridas de su grasa, sobre la salsa. Cortar las tripas de bacalao en una tabla.

Untar los lomos de rape con la salsa alioli. Poner en la salsa de tomate los lomos de rape y las tripas de bacalao; menear la cazuela unos minutos.

ACABADO Y PRESENTACIÓN

Rociar la salsa sobre el pescado y servir.

RAYA A LA MANTEQUILLA NEGRA

INGREDIENTES

4 alas de raya medianas, peladas
150 g de mantequilla
75 g de alcaparras pequeñas, escurridas
1 ramillete de perejil fresco
1 limón

TRUCO

Lo importante de las alcaparras es que sean de un color verde oscuro y cuanto más pequeñas, más sabrosas y tiernas son. Además, apenas contienen grasas, por lo que no aportan calorías y son buenas aliadas de los regímenes.

ELABORACIÓN

Salpimentar los pedazos de raya. En una sartén antiadherente amplia, fundir 50 g de mantequilla. Colocar el pescado y soasarlo por sus dos caras durante unos minutos, regándolo con la mantequilla continuamente.

Escurrir la raya, pasarla a una bandeja y reservar. Mientras, picar el perejil sobre la tabla.

Añadir el resto de mantequilla a la sartén y convertirla en «avellana», o sea, ese punto en que la mantequilla adquiere color pero sin quemarse. Añadir el zumo de limón y pasar la mezcla por un colador fino con papel, para eliminar impurezas.

Añadir las alcaparras y el perejil sobre el pescado.

ACABADO Y PRESENTACIÓN

Sazonar, espolvorear con el perejil picado y servir.

RODABALLO CON LIMÓN, TOMATE Y ALCAPARRAS

35'

Platazo monumental

INGREDIENTES

1 rodaballo de 1 kg
50 ml de aceite de oliva virgen extra
sal

Para el refrito de limón
100 ml de aceite de oliva virgen extra
1 diente de ajo laminado
1 pimienta de Cayena fresca
3 tomates
50 g de alcaparras
1 limón
1 cucharada de perejil picado

TRUCO

Lo importante de las alcaparras es que sean de un color verde oscuro y cuanto más pequeñas mejor, porque son más sabrosas y tiernas. Además, apenas contienen grasas, por lo que casi no aportan calorías.

ELABORACIÓN

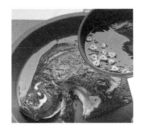

Para el refrito, pelar el tomate con un pelador, quitarle la pulpa y cortar la carne en dados pequeños de aproximadamente 5 mm.

Pelar el limón, sacar unos gajos a vivo y cortarlos en dados igual que el tomate. Exprimir el resto para obtener el zumo. En un bol mezclar los dados de tomate, los dados de limón, las alcaparras y el perejil picado. Reservar.

Marcar el rodaballo por sus dos caras en una sartén antiadherente, 11 minutos por la parte oscura y 10 minutos por la parte blanca. Preparar el refrito de aceite, ajos y cayena; cuando el ajo comience a bailar y se ponga amarillo volcarlo sobre el rodaballo.

En la misma sartén caliente, añadir el zumo de limón y verterlo también sobre el rodaballo. Recuperar la mezcla del refrito con el zumo de limón y repetir esta operación 3 veces más; las 2 últimas añadiéndole la mezcla de tomate, alcaparras y limón.

ACABADO Y PRESENTACIÓN

Colocar en la base del plato una cama de
espinacas, encima el atún y salsear con la salsa
de kétchup especiado por encima.

ATÚN CON SALSA ESPECIADA Y ESPINACAS

Combinación explosiva

INGREDIENTES

2 solomillos de atún (250 g)
500 g de hojas de espinaca
50 g de mantequilla
1 diente de ajo

Para la salsa
200 g de kétchup
50 ml de salsa de soja
5 g de jengibre rallado
10 gotas de tabasco
1 cucharada de cilantro
  picado (1 g)
1 cucharada de brotes de
  cebolleta picados (5 g)

TRUCO

Es mejor no sazonar la espinaca ni el atún, debido a que la salsa de kétchup y la soja ya contienen un alto porcentaje de sal. Luego siempre hay tiempo de rectificar.

ELABORACIÓN

Pelar el diente de ajo y pincharlo con un tenedor para frotar el fondo de la cazuela.

Agregar la mantequilla y seguidamente las espinacas. Cocer a fuego vivo durante un minuto y reservar. Si las espinacas sueltan mucha agua, escurrirlas antes de servir.

Colocar una sartén antiadherente al fuego y dorar el atún por sus dos caras 1½ minuto por cada lado.

Para la salsa, mezclar en un bol el kétchup, la salsa de soja y el tabasco. Agregar el jengibre rallado, el cilantro picado y los brotes de cebolleta picados.

ACABADO Y PRESENTACIÓN

Una vez rellenados, terminar colocando a cada
tomate su sombrero sin cerrar. Mezclar el
yogur griego con las huevas de trucha, el zumo y
la ralladura de la lima. Acompañar los tomates
rellenos con el yogur de huevas.

TOMATES RELLENOS DE VENTRESCA

Bocado de huerta y mar

1h 10'

INGREDIENTES

4 tomates en rama medianos
300 g de ventresca de bonito
2 huevos duros
vinagre de Jerez
albahaca

Para el yogur de huevas
100 g de yogur griego
30 g de huevas de trucha
1 lima

Para la mayonesa de berros
1 yema de huevo
1 cucharadita de mostaza de Dijon
1 cucharada de vinagre de sidra
300 ml de aceite de oliva suave
50 ml de vino blanco o txakoli
100 g de berros
sal y pimienta
una pizca de bicarbonato

TRUCO

Si queremos darle al vinagre un toque distinto, se puede aromatizar dejando macerar en su interior por un tiempo, por ejemplo, frutas (moras, frambuesas, grosellas, pieles de cítricos...), especias (nuez moscada, clavo, pimientas, azafrán, cominos...), hierbas aromáticas (estragón, tomillo, laurel, romero, salvia...), ajos, ramitas de vainilla...

ELABORACIÓN

Lavar y secar los tomates, hacerles un corte en la parte superior y quitarles la tapa reservándola. Con ayuda de un sacabolas o una cuchara, vaciar el interior con cuidado de no romperlos. Rociar los tomates con el vinagre de jerez y macerarlos durante una hora. Pasado este tiempo, colocar los tomates boca abajo, para que escurran bien el vinagre.

Escaldar las hojas de berro en abundante agua hirviendo con una pizca de bicarbonato durante un minuto. Refrescar enseguida en agua con hielo, formar una bola y escurrir apretando bien.

Preparar la mayonesa batiendo la yema, el vinagre de sidra y la mostaza. Agregar el aceite en forma de hilo fino y poner a punto de sal y pimienta. Aligerar con un chorro de vino blanco y la bola de berros cocida. Triturar bien con la túrmix a máxima potencia.

Picar los huevos. Añadir a la mayonesa la ventresca desmenuzada, la albahaca y los huevos picados. Poner a punto de sal y rellenar los tomates con la mezcla.

ACABADO Y PRESENTACIÓN

Rectificar de sal y pimienta y servir en pequeños
tarros de cristal. Se puede acompañar con unas
pequeñas tostas de pan aliñadas con una pizca
de aceite de oliva.

RILLETTE DE **SALMÓN**

35'

INGREDIENTES

250 g de salmón fresco
150 g de salmón ahumado
1 cucharada de eneldo picado
1 cucharada de aceite de oliva
 · virgen extra
1 lima

Para la mayonesa de curry
1 yema de huevo
100 ml de aceite de girasol
15 g de mostaza de Dijon
10 ml de zumo de lima
0,5 g de curry
sal y pimienta

TRUCO

Podemos elaborar esta rillette con cualquier otro pescado, si bien los grasos son mejores porque la preparación coge más gusto y consistencia. Pero al final, solo nuestra imaginación es el límite.

ELABORACIÓN

Para la mayonesa de curry, mezclar en un vaso de túrmix la yema de huevo, la mostaza de Dijon, el curry y los 10 g de zumo de lima. Agregar poco a poco el aceite de girasol para montar la mayonesa. Condimentar con sal y pimienta. Reservar.

Precalentar el horno a 130 ºC. Exprimir la lima, separar 10 g del zumo para la mayonesa y reservar el resto. Picar el eneldo. Cortar el salmón ahumado en dados de 1 cm. Colocar en una bandeja el aceite de oliva y el salmón con la piel hacia abajo. Hornear 10 minutos. Sacar del horno y rociarlo con el zumo de lima reservado.

Dejar enfriar. Una vez frío, desmenuzar el salmón con las manos.

Colocar la mayonesa de curry en un bol, agregar el salmón ahumado, el salmón cocido y el eneldo picado, mezclar con cuidado.

ACABADO Y PRESENTACIÓN

Montar la ensalada mientras se calientan los
filetes de salmón ahumado a fuego muy suave
en una sartén antiadherente, unos 2 minutos
por cada lado, según el grosor. Mezclar bien la
ensalada, salpimentar y servir junto con el salmón
recién hecho y la crema de *raifort*.

SALMÓN AHUMADO CON CREMA DE RAIFORT

Opción distinta y a tope apetecible

35'

INGREDIENTES

400 g de salmón ahumado

Para la ensalada
200 g de canónigos
100 g de espárragos verdes
1 chalota
½ manzana Granny Smith
1 cucharadita de vinagre de Jerez
50 ml de aceite de oliva virgen extra
sal y pimienta

Para la crema de raifort
200 ml de nata
1 yogur natural
una pizca de mostaza
1 cucharadita de rábano picante rallado (raifort)
2 cucharaditas de eneldo picado
1 cucharada de vodka
1 cucharada de zumo de limón
35 ml de vinagre de sidra
sal y pimienta

TRUCO

La salsa Raifort se vende ya elaborada a partir de rábanos picantes y se puede comprar en numerosos establecimientos. Es genial también para acompañar carnes asadas.

ELABORACIÓN

Cortar el salmón en 4 filetes de 100 g cada uno y quitarles la piel.

Para la crema de raifort, montar a medias la nata, añadir el yogur y batir ligeramente. Añadir el resto de los ingredientes, volver a batir y poner a punto de sal y pimienta. La densidad debe ser la de una nata semimontada

Para la ensalada, pelar la manzana, quitarle el corazón y cortarla en finos bastones de aproximadamente 6 cm de largo x 3 mm de grosor. Reservar en un bol con agua fría y unas gotas de zumo de limón. Pelar la chalota y picarla finamente.

Colocar el vinagre de Jerez junto con la sal en un bol; cuando la sal se disuelva, añadir el aceite de oliva, mezclar con la chalota picada y reservar. Colocar los canónigos en una ensaladera, laminar los espárragos, mezclar con los canónigos y agregar la chalota y los bastones de manzanas escurridos.

ACABADO Y PRESENTACIÓN

Colocar los salmonetes en el fondo de la cazuela
y guisarlos en la salsa unos 8 o 10 minutos. En
una sartén antiadherente dorar en aceite los
hígados de salmonete con sal y colocarlos sobre
la rodaja de pan. Colocar la tostada por encima.
Justo antes de servir, meter las almejas, menear
y espolvorear con perejil picado.

SALMONETES LASARTE

45'

INGREDIENTES

3 salmonetes hermosos
6 dientes de ajo pelados
un puñado de hojas de perejil
1 pastilla de caldo de pescado
1 vaso de salsa de tomate
1 vaso de txakoli
2 cebolletas medianas muy
   picadas
2 dientes de ajo picados

una pizca de pimienta de
   Cayena o pulpa de guindilla
2 puñados de almejas
   hermosas
un chorro de txakoli
1 rebanada fina de pan tostado
una pizca de harina
aceite de oliva
agua
sal

TRUCO

En vez de txakoli podemos utilizar el vino blanco que cada uno tiene en su región, ese blanco representativo y agradable con el que nos gusta trabajar, siempre que tenga calidad.

ELABORACIÓN

Despiezar los salmonetes, o pedir al pescadero que lo haga, dejando los cuerpos por un lado y las cabezas y raspas por otro (guardar los higaditos crudos). En una olla, sofreír las cabezas de salmonete con aceite y sal. Majar en un mortero los ajos picados con las hojas de perejil y sal. Añadir el majado a la olla y sofreír 5 minutos.

Añadir la pastilla de caldo de pescado, una pizca de tomate y el txakoli. Dejar reducir e incorporar el agua. Hervir 10 minutos y colar. No debe quedar mucho caldo, ha de ser muy concentrado. Mientras, en una cazuela ancha y baja sofreír las cebolletas, los ajos, la cayena, el aceite y la sal. Sazonar los salmonetes limpios.

Pasar las almejas por una pizca de harina en un bol y añadirlas a la cazuela con un chorro de txakoli.

En cuanto se abran, retirar las almejas, añadir el caldo concentrado y reducir un poco la salsa.

ACABADO Y PRESENTACIÓN

Para la vinagreta, mezclar bien todos los
ingredientes y servir en un vasito al lado del sushi.

SUSHI DE SALMÓN CON MAYONESA DE BERROS

25'

Un sushi a nuestra manera

INGREDIENTES

Para el sushi
1 cebolleta cortada en juliana
    muy fina
20 g de mostaza
20 hojas de perejil
20 hojas de perifollo
20 hojas de rúcula
4 láminas de salmón fresco
60 g de queso parmesano en
    lascas
4 langostinos cocidos

Para la vinagreta
un chorrito de vinagre de
    Módena
un chorrito de aceite de oliva
sal y pimienta

Para la mayonesa de berros
1 huevo
un chorrito de vinagre de sidra
una pizca de sal
una pizca de pimienta negra
200 ml de aceite de oliva
50 g de berros

TRUCO

Hay que guardar la mayonesa
que sobre siempre en la
nevera, bien tapada con film
transparente tocando la salsa
para que no se forme costra.

ELABORACIÓN

Para la mayonesa,
colocar en un vaso
de túrmix el huevo
y los berros picados.
Introducir el brazo
de la túrmix y
agregar el resto de
los ingredientes.
Triturar a potencia
máxima sin mover el
brazo y poco a poco
ir subiendo para que
vaya emulsionando.
Poner a punto de sal
y listo.

Para el sushi,
lavar las hierbas y
sumergirlas un poco
en agua con hielo.
Estirar las láminas
de salmón sobre un
papel sulfurizado, y
pintar cada lámina
con la mostaza.

Colocar por encima
de cada lámina unas
lascas de parmesano,
un poco de cebolleta
y un langostino en
rodajas, y repartir
las hojas de perejil,
perifollo y rúcula.

Cerrar con cuidado
las láminas dándoles
forma de sushi y
acompañar con
la vinagreta y la
mayonesa.

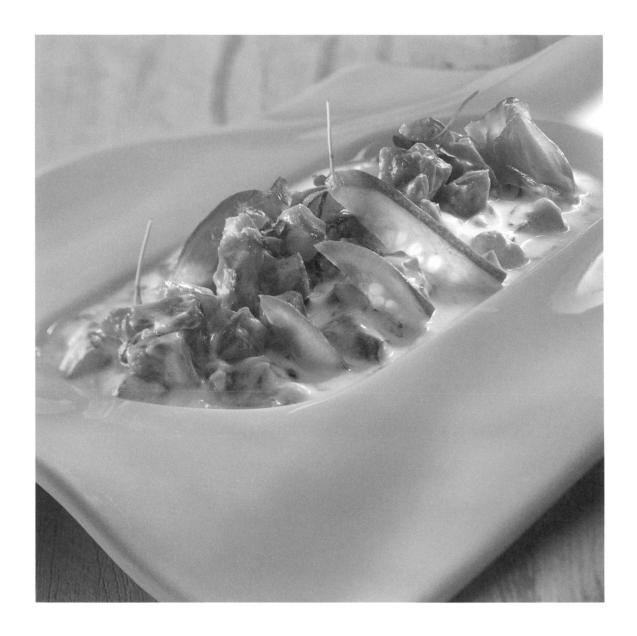

ACABADO Y PRESENTACIÓN

Cortar el pepino en finas rodajas de unos 2 mm
aproximadamente. Repartir en 4 botes o copas de
cristal el yogur de tomate y salmón bien fresco.
Decorar con las láminas de salmón cortadas bien
finas y las rodajas de pepino por encima.
Acabar con unas hojas de albahaca.

YOGUR CON **TOMATE** Y **SALMÓN** AHUMADO

Soplo de aire fresco

1h

INGREDIENTES

500 g de yogur natural
500 g de tomates maduros
8 g de hojas de albahaca
100 g de salmón ahumado y unas láminas más
   para decorar
20 ml de aceite de oliva
50 g de mini pepino
sal y pimienta

TRUCO

Para pelar con facilidad los tomates utilizar un cuchillo para hacer dos pequeños cortes en forma de X en la parte inferior, y sumergirlos en agua hirviendo hasta que las esquinas del corte se enrollen. Entonces sacarlos, sumergirlos en agua fría y tirar de las esquinas de la piel.

ELABORACIÓN

Verter el yogur en un bol y batirlo un poco, agregar el salmón cortado en tacos pequeños y sazonar con sal y pimienta. Reservar en frío.

Escaldar los tomates en agua hirviendo y sumergirlos inmediatamente en agua con hielo para que la carne quede compacta y mantenga todo el color.

Pelar y cortar los tomates en cuadrados aproximadamente de 1 cm y rociarlos con el aceite de oliva. Sazonar. Mezclar los cuadrados de tomate con la albahaca cortada en tiras finas.

Verter el tomate y la albahaca en la mezcla de yogur y salmón, y remover todo bien hasta que quede homogéneo. Introducir en la nevera al menos durante media hora.

ACABADO Y PRESENTACIÓN

Unos minutos antes de terminar, fuera del fuego
cubrir con el bogavante cortado en lonchas y las
pinzas. Espolvorear con perejil.

ARROZ CON **BOGAVANTE**

1h 10'

INGREDIENTES

1 bogavante vivo de 1,2 kg.
1 kg de cabezas de gamba
  crudas
2 dientes de ajo pelados
un puñado de hojas de perejil
1 vaso de vino blanco
un chorrito de armañac
una pizca de tomate
  concentrado
una pizca de azafrán en
  hebras
agua
hielo picado

1 cebolleta mediana picada
3 chalotas picadas
5 dientes de ajo picados
2 cucharadas de pulpa de
  pimiento choricero
una pizca de pimentón de
  La Vera
6 cucharadas de salsa de
  tomate
400 g de arroz de grano
  redondo
aceite de oliva
perejil picado

TRUCO

A la hora de comprar el
bogavante hemos de elegirlo,
a poder ser, hembra, con un
aspecto «avispado» y vigoroso
si lo cogemos con la mano,
sinónimo de su fortaleza y
frescura, y además ha de
tener un olor agradable.

ELABORACIÓN

Poner a cocer en agua
fría el bogavante,
que lo cubra.
Desde que comience
a hervir el bogavante,
cocer 3 minutos,
escurrirlo y meterlo
en agua y hielo picado.
Poner en una olla
aceite y sofreír las
cabezas de gamba.
Majar en un mortero
los 2 dientes de ajo
y el perejil. Añadir el
majado al sofrito y
remover.

Agregar el vino
blanco, el armañac, el
tomate concentrado
y un poco de agua
de cocción del
bogavante. Dejar
hervir 20 minutos.
Añadir el azafrán.
Trinchar el bogavante,
por un lado la cabeza
partida en 4 pedazos,
por otro la cola
pelada y golpear las
pinzas. Mientras se
limpia, añadir las
cáscaras al caldo que
está hirviendo.

Preparar el arroz.
Sofreír en aceite la
cabeza de bogavante
con sal y machacarla
con el culo de una
botella. Sofreír en el
otro lado la cebolleta,
las chalotas y los
5 dientes de ajo.
Mezclar y añadir la
pulpa de pimiento
choricero, el
pimentón y la salsa
de tomate.

Remover el arroz
y sofreírlo.
Verter el caldo,
sazonar y guisar
el arroz alrededor
de 15 minutos.

ACABADO Y PRESENTACIÓN

Colocar el ceviche en un recipiente adecuado,
preferiblemente de cristal, colocar las lascas
de bonito por encima, espolvorear con perejil,
decorar con las hojitas de menta y servir
rápidamente.

CEVICHE DE CHIPIRÓN Y BONITO

15'

INGREDIENTES

100 g de calamar sin piel
40 ml de zumo de naranja
80 ml de zumo de limón
80 ml de zumo de lima
100 g de cebolla roja
1 lomo de bonito en conserva
1 cucharada de perejil picado
sal
hojas de menta

TRUCO

A la hora de hacer los tallarines de calamar, si se va a utilizar una máquina cortadora, es mejor que los calamares estén congelados y dispuestos en bloque, para que se puedan cortar con facilidad y no se resbalen.

ELABORACIÓN

Abrir el cuerpo del calamar en dos y limpiarlo bien, quitándole la telilla que contiene con la ayuda de un paño.

Cortarlo muy finamente como si fueran tallarines, de aproximadamente 2 mm de espesor y 10 cm de largo. Se puede cortar con una cortadora profesional o con la ayuda de un cuchillo bien afilado.

Picar la cebolla roja en juliana muy fina. En un bol mezclar los 3 zumos, el de naranja, limón y lima, junto con la cebolla roja.

Añadir los tallarines de calamar, una pizca de sal y dejar marinar durante 2 o 3 minutos. Luego sacar y reservar. Cortar el lomo de bonito en conserva en lascas o trozos del tamaño de un bocado.

ACABADO Y PRESENTACIÓN

Emplatar los espaguetis o presentarlos en la
misma cazuela.

ESPAGUETIS MARINEROS

30'

INGREDIENTES

600 g de pasta tipo tagliatelle
200 g de langostinos pelados
2 puñados de espinacas
1 huevo duro picado
2 dientes de ajo picados
una pizca de salsa de tomate
aceite de oliva
sal y pimienta
cebollino picado

TRUCO

Conviene cocer la pasta siempre unos minutos menos de lo que se indica en el envase, aunque depende también del tamaño y del tipo de harina empleado en la confección de la pasta.

Los italianos suelen decir que la pasta está al dente cuando se cuece y una vez escurrida ofrece resistencia al morderla, con ese puntito de crudeza característico.

ELABORACIÓN

Poner a cocer los espaguetis en agua con sal. Mientras, en una sartén con una pizca de aceite de oliva, sofreír el ajo picado y justo al final añadir los langostinos pelados y saltearlos.

Hacer lo mismo con las almejas. Salpimentar.

En la misma sartén, saltear las espinacas y el tomate. Cuando la pasta esté cocida, mezclar todos los ingredientes y diluir un poco la salsa, si se quiere, con el agua de cocción de la pasta.

Echar el huevo duro por encima y rociar con un buen chorro de aceite de oliva.

ACABADO Y PRESENTACIÓN

Blanquear los espárragos trigueros 2 minutos
en agua con sal, reservar las puntas y licuar
los tallos. Al licuado de los tallos añadir las
3 cucharadas de aceite y el cebollino picado,
y mezclar bien. Acompañar los flanes con
los mejillones reservados, las puntas de los
espárragos trigueros, la vinagreta de espárragos
y cebollino.

FLAN DE **CALABACÍN** Y **MEJILLÓN**

Para toda la troupe *familiar*

55'

INGREDIENTES

500 g de calabacín (350 g de
   pulpa + 150 de pieles)
una pizca de bicarbonato
   sódico
15 g de mantequilla
750 g de mejillón pequeño
75 ml de txakoli
25 g de chalota
3 huevos
100 ml de nata
sal y pimienta

Además
3 cucharadas de aceite de
   oliva virgen extra
1 cucharada de cebollino
   picado
100 g de espárragos trigueros

TRUCO

A la hora de comprar los
mejillones han de estar
vivos, bien frescos y sanos,
encerrados en sacas
perfectamente etiquetadas
y controladas. Si al tocarlos
observamos que no se
contraen y las conchas no
se cierran, es mejor no
arriesgarnos a cocinarlos.

ELABORACIÓN

Pelar los calabacines
y guardar las pieles.
Cocer las pieles en
abundante agua
hirviendo con una
pizca de bicarbonato
y sal durante 2 o
3 minutos o hasta
que estén blandas.
Refrescar y reservar.
Triturar las pieles y
pasar por un colador
fino.

Cortar la carne de los
calabacines en dados
de 1 cm y colocarlos
en una sartén honda
con la mantequilla.
Sudar hasta quitar el
máximo de humedad
sin que cojan color.
En otra cazuela
rehogar la chalota
unos segundos,
agregar el txakoli
y, cuando comience
a hervir, añadir los
mejillones y cocerlos
a fuego fuerte con la
cazuela tapada hasta
que se abran.

Una vez abiertos,
sacar los mejillones
y quitarles la cáscara
dejando unos 10 con
cáscara. Reducir el
jugo resultante a
la mitad (de 200
a 100 g). Triturar
los mejillones sin
cáscara. Añadir la
pulpa de calabacín,
los huevos y la
nata, y verificar el
sazonamiento.

Rellenar los moldes
(en caso de no ser
antiadherentes untar
con mantequilla y
cubrir el interior con
papel film). Cocer
en el horno al baño
maría a 140 ºC
durante 15 minutos.
Comprobar la cocción
de los flanes con la
ayuda de un palillo;
si este sale limpio
sacarlos del horno.

ACABADO Y PRESENTACIÓN

Espolvorear perejil por encima y servir caliente.

GUISO DE **CALAMARES**

1 h 30'

INGREDIENTES

1 kg de calamares congelados
3 dientes de ajo picados
2 cebolletas picadas
1 pimiento verde picado
700 g de patatas pequeñas en
   rodajas gruesas
2 dientes de ajo con su piel

un chorrito de armañac
una pizca de guindilla
1 vaso de txakoli
perejil picado
aceite de oliva
sal
agua

TRUCO

El reposo es esencial para
los guisos. Sin duda están
mejor de un día para otro,
por eso es mejor prepararlos,
si podemos, con un día de
antelación, dejarlos reposar
y comerlos al día siguiente.
Ganan un montón.

ELABORACIÓN

Colocar una olla al
fuego con el aceite
de oliva, los ajos,
las cebolletas, el
pimiento y la sal,
y dejar pochar
alrededor de
20 minutos.

Descongelar
los calamares y
limpiarlos, dejando
la piel. Cortarlos en
pedazos grandes,
teniendo en cuenta
que al guisar
merman. Mojar y
escurrir las patatas,
y secarlas con un
trapo. Freírlas en una
sartén con aceite y
los ajos aplastados
con su piel.

En una sartén
antiadherente saltear
poco a poco los
calamares con sal,
añadirlos a la verdura
y desglasar con el
armañac. Repetir
hasta terminar con
todos los calamares.
Añadir la pizca de
guindilla.

Añadir el txakoli,
½ vaso de agua
y dejar guisar
cubierto 45 minutos
aproximadamente, a
fuego muy suave.
Añadir las patatas al
guiso de calamares
y dejar hervir unos
minutos más.

ACABADO Y PRESENTACIÓN

Espolvorear el cebollino picado por encima
y servir.

MEJILLONES AL GORGONZOLA

INGREDIENTES

1 kg de mejillones pequeños
2 chalotas
20 g de mantequilla
1 diente de ajo
100 ml de Martini seco
150 ml de nata
100 g de queso gorgonzola
2 yemas de huevo
1 cucharada de cebollino picado
sal y pimienta

TRUCO

Es imprescindible limpiar los mejillones a conciencia, bajo el chorro de agua fría, rascándolos exteriormente con ayuda de un cuchillo y eliminando de un golpe certero y fuerte las barbas que sobresalen entre sus conchas. No hay que olvidarse de empujar siempre hacia la parte en punta, para no rasgar las carnes.

ELABORACIÓN

Lavar los mejillones y quitar las barbas. Picar las chalotas y el ajo. Rehogar las chalotas en una cazuela con la mantequilla durante unos minutos, añadir el ajo bien picado y rehogar otro minuto. Agregar los mejillones y el Martini. Cocer a fuego vivo y tapado durante unos 5 minutos o hasta que los mejillones se abran.

Retirar de la cazuela los mejillones a un plato, quitar las cáscaras vacías y tirarlas, guardando las valvas que tienen carne. Reducir el jugo de cocción durante 3 minutos, añadir la nata y hervir 2 minutos más.

Fuera del fuego, añadir el queso gorgonzola, mezclar hasta disolver bien el queso y añadir las yemas. Volver a mezclar.

Poner a punto de sal y pimienta y verter esta salsa cremosa sobre los mejillones reservados.

ACABADO Y PRESENTACIÓN

Poner los chipirones rebozados en la salsa
de chipirón y darles un ligero hervor. Servir
espolvoreados de cebollino picado.

PIMIENTOS RELLENOS DE
CHIPIRONES EN SU TINTA

1h 45'

INGREDIENTES

1 kg de chipirones limpios
10 cebolletas picadas
4 pimientos verdes picados
6 dientes de ajo picados
un pedazo de tocino de jamón
  ibérico, picado
un chorrito de txakoli
300 ml de salsa de tomate
1 punta de pan sopako o de
  pistola especial para sopas

un poco de perejil fresco en
  rama
tintas frescas de chipirón
1,5 litros de caldo de pescado
un chorrito de armañac
20 pimientos del piquillo verdes
harina
4 huevos
cebollino picado
aceite de oliva
sal

TRUCO

Si no hay chipirones frescos
podemos acudir a los
congelados, que también
quedan ricos.
Eso sí, es conveniente
descongelar los chipirones
poco a poco y suavemente en
el frigorífico, o si me apuras,
un poco más deprisa en un
recipiente con agua helada.
Pero lo que no aconsejo
nunca es descongelarlos a
temperatura ambiente.

ELABORACIÓN

En una olla sofreír
las cebolletas con los
pimientos verdes,
los ajos, el tocino y
sal. Mientras, trocear
los chipirones sobre
la tabla en dados
de 1 cm.

Sacar la mitad de la
verdura pochada a
una sartén honda.
Sobre el resto de
la verdura pochada
añadir el txakoli,
la salsa de tomate,
el pan sopako o de
pistola, perejil, las
tintas y el caldo, y
guisar a fuego suave
durante unos
35 o 40 minutos.

En una sartén,
saltear los dados
de chipirón con un
poco de aceite y sal,
desglasando con el
armañac. Conforme
se doran, añadirlos a
la mitad de la verdura
sofrita retirada a la
sartén honda. Cubrir
y dejar que se cueza
unos 25 minutos o
hasta que el jugo que
suelta el chipirón
se reduzca.

Rellenar los
pimientos del piquillo
verdes con la mezcla
de chipirones.
Pasarlos por harina
y huevo y freírlos
en aceite de oliva.
Escurrirlos.

ACABADO Y PRESENTACIÓN

Hornear a 150 ºC durante 25-35 minutos. Dejar
entibiar 15 minutos en el propio molde o cocottes
para que la tarta acabe de cuajar. Esparcir por
encima cebollino picado o la hierba que más nos
apetezca. Se puede acompañar con una ensalada
fresca o escarola ligeramente aliñada, que le
aporta un punto de verdor perfecto.

TARTA DE PUERROS Y **VIEIRAS**

Simplemente irresistible

1 h 40'

INGREDIENTES

600 g de vieiras
300 g de blanco de puerro cortado en medias lunas
6 huevos
500 ml de nata
40 g de mantequilla
sal y pimienta
láminas de pan
cebollino picado

TRUCO

Si el recipiente en el que hemos cocinado la tarta es de porcelana, que aguanta bien el calor, el cuajado exterior será mucho más efectivo.

ELABORACIÓN

Precalentar el horno a 150 °C. Pintar un molde de tartas de 24 cm o una bandeja de porcelana alta, o bien unas cocottes individuales con la mantequilla. Cubrir el fondo y los laterales con láminas de pan de 2 mm de grosor.

Pochar el puerro en una sartén con la mantequilla durante unos 20-25 minutos, hasta que quede muy meloso.

Cortar las vieiras en dados aproximadamente de 1 cm. Dejar enfriar el puerro y mezclarlo con los dados de vieiras hasta que se integre todo perfectamente.

Esparcir esta mezcla de puerro y vieiras por toda la base del molde. Batir con varillas los huevos y la nata. Salpimentar y verter en el molde, o en las cocottes, encima del puerro y las vieiras.

ACABADO Y PRESENTACIÓN

Colocar el tártaro sobre las conchas de las ostras,
poner por encima una cucharadita de crema
chantillí y las huevas de trucha.

TÁRTARO DE OSTRAS, ATÚN Y SALMÓN

Con un toque de sofisticación

20'

INGREDIENTES

12 ostras
125 g de lomo de atún fresco
125 g de salmón fresco
12,5 g de huevas de trucha

Para la crema chantillí
50 ml de nata
½ cucharadita de mostaza
ralladura de lima

Para la vinagreta
5 g de jengibre rallado
25 ml de zumo de lima
½ cucharadita de ralladura de lima
20 g de chalota picada
15 ml de aceite de oliva virgen extra
1 cucharadita de cebollino picado
sal y pimienta

TRUCO

Este tipo de tártaro se puede hacer con diferentes carnes y pescados; lo fundamental es partir de carnes o pescados bien frescos y muy refrigerados, y contar con una tabla limpia y un cuchillo muy bien afilado.

ELABORACIÓN

Escaldar las ostras en agua hirviendo 1 minuto y refrescar rápidamente en agua con hielo.

Abrir las ostras, quitarlas de su valva, sacarles el músculo tensor y picarlas en dados pequeños de aproximadamente 5 mm.

Picar también el salmón y el atún en dados pequeños de aproximadamente 3 mm. Para la crema chantillí, montar la nata en un bol, agregarle la mostaza, la ralladura de lima y mezclar bien. Reservar en frío.

Para la vinagreta, mezclar en otro bol las ostras, el atún y el salmón. Agregar la chalota, el aceite, el zumo de lima y el jengibre rallado. Añadir el cebollino, la ralladura de lima mezclar bien y poner a punto de sal y pimienta.

ACABADO Y PRESENTACIÓN

Hacer una ensalada con hierbas frescas deshojadas. Disponer los cuartos de alcachofas guisadas, las vieiras y la ensalada sin que quede amontonado. Acabar con un toque de pimienta recién molida, sal Maldon, aceite de oliva virgen y piel de naranja encima de cada vieira.

VIEIRAS CON CREMA DE PANCETA Y ALCACHOFAS

45'

INGREDIENTES

Para la crema de panceta ahumada

50 g de cebollas tiernas picadas
125 g de panceta ahumada cortada en dados
125 ml de caldo de pollo
250 ml de nata
10 ml de vinagre de Jerez
25 ml de vino fino
125 ml de leche

Además

12 alcachofas limpias cortadas en cuartos
2 dientes de ajo pelados
250 ml de caldo de pollo
16 piezas de vieira hermosas
aceite
mantequilla
sal Maldon
pimienta blanca recién molida
un puñado de hierbas frescas para hacer una ensalada
la piel de una naranja cortada en juliana y blanqueada

TRUCO

A la hora de comprar las alcachofas, han de ser pesadas al tacto, de color uniforme y sin manchas en las hojas, que deben estar bien prietas y cerradas.

ELABORACIÓN

En un cazo con aceite rehogar la cebolla, añadir la panceta, cocinar 5 minutos a fuego lento.

Desglasar con el vinagre de Jerez, el vino fino, dejar evaporar y mojar con el caldo de pollo, la leche, la nata y una pizca de sal. Hervir durante 5 minutos.

Triturar en una batidora, y colar apretando (la panceta que queda en el colador se puede usar para otras preparaciones, pastas, arroces...). Reservar. En otro cazo con aceite, sofreír los 2 ajos aplastados. Cuando estén dorados, añadir las alcachofas y sofreírlas, salpimentar, verter el caldo de pollo y cocer de 3 a 4 minutos.

Finalmente, en una sartén con aceite marcar las vieiras sazonadas, dorar por un solo lado. A media cocción, añadir una buena nuez de mantequilla, sacar la sartén del fuego y regar las vieiras con su propia mantequilla avellanada. Mientras se cuecen, poner en el fondo de una fuente unas cucharadas de crema de panceta ahumada.

CARNES

ACABADO Y PRESENTACIÓN

Añadir fuera del fuego un chorro de aceite de oliva
y perejil picado.

ALBÓNDIGAS EN SALSA DE SETAS

1h

INGREDIENTES

2 cebolletas picadas
1 diente de ajo picado
750 g de carne de ternera
   picada (aguja)
250 g de carne de cerdo ibérico
   picada (falda o similar)
2 yemas de huevo
2 huevos enteros
perejil picado
2 cucharadas de pan rallado
un pellizco de miga de pan de
   hogaza remojada en 1 vaso
   de leche
aceite de oliva
sal y harina

Para la salsa
750 g de cebolleta picada
1 diente de ajo picado
750 g de surtido de setas
   picadas en dados
cabezas de champiñón
   enteras
2 litros de caldo
aceite de oliva

TRUCO

Siempre hay que lavar las setas a fondo, pero depende mucho de cómo vengan y la cantidad de tierra que traigan. Lo que no se debe hacer nunca es sumergirlas en agua y mantenerlas mucho tiempo, porque las setas absorben el agua y se estropean.

ELABORACIÓN

Rehogar las 2 cebolletas con el aceite, el ajo y la sal, hasta que queden rehogadas pero sin coger color. Juntar en un bol las carnes, las yemas, los huevos, el perejil, el pan rallado y la miga escurrida. Amasar y salpimentar. Volcar las cebolletas pochadas en la mezcla de carnes y mezclar bien.

Para hacer la salsa, en una cazuela rehogar los 750 g de cebolleta con el ajo y el aceite de oliva. Añadir las setas picadas y rehogar hasta que cojan una buena coloración.

Mojar el fondo de salsa con el caldo y dejar hervir 15 minutos. Hacer mini hamburguesas con la mezcla de carnes y tostarlas en la sartén hasta que se doren. Reservar.

En una sartén al fuego, saltear con una pizca de aceite las cabezas de champiñón. Mezclar las cabezas en la cazuela de la salsa y añadir las albóndigas.

ACABADO Y PRESENTACIÓN

Calentar todo junto, durante 5 minutos, poner
a punto de sal y servir.

CARRILLERAS GUISADAS
AL VINO «ERREXA»

13h 50'

INGREDIENTES

2 kg de carrilleras de vaca
250 g de chistorra blanca
250 g de zanahorias
250 g de cebollas
50 g de apio
4 dientes de ajo
2 tomates
750 ml de vino tinto
2 litros de caldo de carne reducidos a 1 litro

TRUCO

A la hora de guisar, a mí me suele gustar usar vinos afrutados, vinos del año, vivos, y es importante que hiervan bien para que las salsas no resulten ácidas.
De todos modos, para cocinar se puede usar cualquier vino semiseco, siempre que tenga la suficiente calidad y sabor. Nunca se debe utilizar un vino demasiado seco, sin cuerpo ni sabor, o avinagrado; los resultados pueden ser catastróficos.

ELABORACIÓN

Blanquear la chistorra en agua hirviendo durante 2 minutos (para quitarle el exceso de grasa), retirar del agua, dejar enfriar y reservar.

Limpiar las carrilleras quitándo el exceso de grasa y el nervio. Cortarlas en trozos grandes, de unos 80 g. Pelar las zanahorias y las cebollas, limpiar el apio y cortar todo en cuadrados pequeños. Aplastar el ajo y cortar los tomates en cubos. Poner todas las verduras y las carrilleras en un bol, añadir el vino, tapar con film y dejar marinar en la nevera 10 h.

Escurrir el vino, separando la carne y las verduras. Colocarlo en un cazo y llevar a ebullición. Dejar reducir 5 minutos. Precalentar el horno a 180 ºC. Colocar los 2 litros de caldo en una cazuela, hervir y dejar reducir a fuego medio hasta obtener 1 litro. Colocar las carrilleras en una cocotte junto con las verduras, el vino y el caldo reducido.

Tapar la cocotte con papel de aluminio, bajar el horno a 150 ºC y cocer las carrilleras durante 3 horas. Cuando las carrilleras estén tiernas, retirarlas a otra cazuela, triturar la salsa y pasarla por un colador fino. Cortar la chistorra reservada en trozos de unos 3,5 cm. de largo y agregarla a la salsa con las carrilleras.

ACABADO Y PRESENTACIÓN

Retirar la chuleta del fuego, colocar sobre
la rejilla y echarle por encima el resto de
mantequilla y el jugo que ha soltado la carne.
Dejar reposar otros 5 minutos cubierta con papel
de aluminio con 3 agujeros antes de separar la
carne del hueso y cortar en trozos del tamaño de
un bocado. Salar con flor de sal y servir. Calentar
el puré y servir junto a la chuleta y el ajo asado.

CHULETA CON PURÉ DE PATATAS Y ACEITE NEGRO

1 h 40'

INGREDIENTES

Para la chuleta
1 chuleta de 1,5 kg
1 cucharada de aceite de oliva
  virgen extra
30 g de mantequilla

Para el ajo asado
1 cabeza de ajo entera
  (70 g aproximadamente)
½ cucharada de aceite oliva
  virgen extra
una pizca de sal gorda

Para el puré
600 g de patatas
65 g de aceitunas negras sin
  hueso
10 alcaparras
1 diente de ajo asado (0,5 g)
5 filetes de anchoa (10 g)
100 ml de aceite de oliva
  virgen extra
50 g de mantequilla
3 cucharadas de nata (40 ml)
sal y pimienta

TRUCO

Para evitar que las patatas se deshagan al cocerlas, un buen truco es añadir un chorrito de vinagre al agua de la cocción. También hay que tener en cuenta que si las patatas son viejas, se añaden cuando el agua esté caliente, y si son nuevas, se empieza la cocción en frío.

ELABORACIÓN

Para el ajo asado, envolver la cabeza de ajo con papel de aluminio añadiéndole el aceite y la pizca de sal. Asar en el horno a 180 °C durante 50 minutos o hasta que el ajo esté tierno.

Para el puré, hacer primero una tapenade: mezclar en una batidora de vaso americano las aceitunas, las alcaparras y las anchoas; triturar y poco a poco incorporar el aceite hasta obtener un aceite negro bien liso. Reservar.

Pelar las patatas, cortarlas en trozos grandes, colocarlos en una cazuela, añadirles agua fría y llevar al fuego. Cocer durante 20 o 25 minutos. Cuando las patatas estén tiernas, escurrir y aplastar hasta obtener un puré. Añadir la nata, la mantequilla y la tapenade reservada. Rectificar de sal y pimienta.

Atemperar la chuleta envasada al vacío 24 horas fuera del frigorífico. Marcarla en una sartén bien caliente 3 minutos por cada lado. Retirar y dejar reposar 10 minutos. Volver a asarla 2 minutos más por cada lado. Cuando pasen los 2 primeros minutos, añadir la mantequilla y rociar la chuleta con esta grasa.

ACABADO Y PRESENTACIÓN

Añadir un chorrito de agua y cocinar 15 minutos
o hasta que el jugo quede bien reducido.
Juntar la carne con la guarnición Marengo
y pimentar al gusto. Colocar por encima las
patatas hervidas.

ESPALDILLA MARENGO

2h 15'

INGREDIENTES

1 kg de espaldilla de ternera
limpia de grasa y pellejos
1 cebolla roja picada
5 dientes de ajo picados
1 rama de apio picada
1 atadillo de hierbas
aromáticas
1 atadillo de rabos de perejil
3 tomates maduros
2 cucharadas de concentrado
de tomate
un chorro de vino blanco
1 pastilla de caldo
aceite de oliva
sal

Para la guarnición Marengo
250 g de patatas muy
pequeñas, peladas y
hervidas
200 g de champiñones
«botón» muy pequeños
200 g de cebollitas salseras
pequeñas, peladas
un chorrito de miel
sal

TRUCO

Cuando recalientes un guiso,
ten cuidado de no cocinarlo en
exceso. Saca la carne, lleva
la salsa a ebullición y añádela
al final, para que coja
temperatura.
Después, retira la cazuela
del calor y deja reposar
unos instantes bien cubierto
para que el calor se infiltre
en los trozos de carne y no
queden fríos, que es muy
desagradable.

ELABORACIÓN

Tener agua caliente
en una tetera.
Trocear la espaldilla
en pedazos sobre
la tabla.

En una olla amplia
con aceite dorar los
trozos de ternera y
salpimentar. Añadir
la cebolla roja, los
ajos, el apio, el
tomillo, los atadillos,
los tomates rallados
y el concentrado de
tomate; rehogar unos
minutos.

Mojar con el vino, la
pastilla de caldo y
el agua de la tetera
sin cubrir (no es una
sopa). Salpimentar.
Cocer 90 minutos
(cubierto 60 minutos,
destapado
30 minutos, para que
se espese la salsa y
adquiera una textura
melosa).

En una sartén con
aceite, dorar los
champiñones con
las cebollitas, un
chorrito de miel
y la sal.

ACABADO Y PRESENTACIÓN

Acompañar de puré de patatas bien caliente.

MORROS DE **TERNERA** EN SALSA DE **CEBOLLA**

4h 15'

INGREDIENTES

2 morros de ternera
1 cebolleta
1 cabeza de ajos
1 zanahoria
1 puerro
2 tomates maduros
un puñado de tallos de perejil

Para la salsa
2 cebolletas
ajo
verdura de la cocción del morro
1 pastilla de caldo

una pizca de harina
caldo gelatinizado de
  la cocción del morro
3 cucharadas de aceite
  de oliva virgen

Para freír
150 g de harina
3 huevos batidos
una pizca de sal
pimienta recién molida
aceite para freír

Además
puré de patatas

TRUCO

Para comprar despojos
hay una regla general: las
vísceras no deben de estar
pringosas o babosas y el tacto
debe ser seco. Además, han
de tener un aspecto lozano,
oler a víscera y no presentar
otros olores desagradables.

ELABORACIÓN

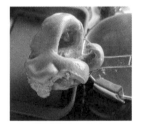

Limpiar los morros
en agua fría.
Blanquearlos en
agua hirviendo,
escurrirlos y
afeitarlos con una
maquinilla. Cubrirlos
de agua con una
1 cebolla entera,
una cabeza de ajos,
la zanahoria, el
puerro, los tomates,
los tallos de perejil
y la sal, y cocerlos
durante 3 horas en
una olla a presión.

Por otro lado,
rehogar 2 cebolletas
picadas en aceite
con sal, 15 minutos a
fuego medio. Añadir
la pastilla de caldo
desmenuzada con
las manos y la pizca
de harina. Agregar la
verdura de cocción
de los morros, dar
vueltas y cubrir con
caldo de la cocción
de los morros. Cocer
30 minutos. Mientras,
trocear los morros y
quitarles el cartílago.

Salpimentar los
morros, pasar por
harina y huevo, y
freírlos.

Triturar la salsa y
mezclarla con los
morros rebozados.
Luego darle un
último hervor.

ACABADO Y PRESENTACIÓN

Sacar el solomillo del horno y dejarlo
sobre la misma rejilla para que repose.
Taparlo con papel de aluminio y hacerle
un par de chimeneas en la parte superior.
Dejar reposar unos 10 minutos para que todos
los jugos se acaben de concentrar en su interior.
Cortar al gusto y colocar en una bandeja caliente
para que no pierda calor. Servir con un poco de
ensalada o cualquier otro tipo de lechuga y unas
setas recién salteadas.

SOLOMILLO ASADO CON TOCINETA

El arte de la sencillez

1h 15'

INGREDIENTES

1 solomillo
20 lonchas de tocineta bien finas
aceite de oliva

TRUCO

Para evitar que se quemen los sabrosos jugos que el solomillo va soltando en el horno caliente, con cuidado cubre el fondo de la bandeja con suficiente agua y vuelve a repetir las veces que sea necesario para que lo que se evapore sea el agua y el jugo se mantenga perfecto.

ELABORACIÓN

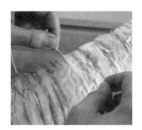

Precalentar el horno a 140 °C. Sacar el solomillo de la nevera unas 6 horas antes de cocinarlo para que se atempere. Poner la tocineta en lonchas perfectamente estiradas en un papel de carnicería o similar.

Una vez atemperado el solomillo, enrollarlo con la tocineta, ayudándonos con el papel para que haga de «rodillo», de manera que lo cubra totalmente como una segunda piel. Atarlo con hilo de cocina o cordel fino.

Colocar una sartén antiadherente al fuego y cuando humee echarle aceite, dorar el solomillo por todos los lados durante 15 minutos.

Una vez dorado por todos sus lados, colocarlo sobre una rejilla de horno con una bandeja debajo para que se deposite allí toda la grasa que vaya soltando; hornear durante 35 o 40 minutos. Es necesario darle la vuelta cada 5 minutos para que se dore bien por todos los lados.

ACABADO Y PRESENTACIÓN

Volver a meter la carne en la cazuela, añadir
las patatas torneadas previamente fritas a fuego
fuerte, e incorporar al guisado para cocer
15 minutos más o menos. En los últimos
5 minutos agregar los guisantes. Rectificar de
sal, añadir una cucharadita de aceite de oliva
virgen fuera del fuego y listo.

SUKALKI

Guiso vizcaíno emblemático

4h

INGREDIENTES

1,5 kg de zancarrón
750 g de patatas
500 g de cebollas rojas
500 g de cebollas blancas
100 g de zanahorias
75 g de blanco de puerro
75 g de pimientos verdes
75 g de pimientos morrones
100 g de nabos blancos
25 g de hojas de perejil
150 g de tomate frito
80 g de pimientos del piquillo

2 cucharadas de pulpa
   de pimientos choriceros
40 ml de vino de Jerez seco
   oloroso
65 ml de vino blanco
1,5 litros de caldo de carne
   limpio de grasa
2,5 litros de agua caliente
125 ml de aceite de oliva para
   saltear la carne
125 ml de aceite de oliva para
   pochar la verdura
100 g de guisantes

TRUCO

El guiso está mejor de un día para otro, de modo que si no tenemos prisa conviene dejarlo reposar y darnos el festín al día siguiente. Así ganará un montón en sabor.

ELABORACIÓN

Trocear la carne en trozos de 4 x 3 cm, salar y saltear en una cazuela con 125 g de aceite a fuego fuerte, sin mover los trozos y con suficiente espacio para darles la vuelta. Retirar y reservar.

Picar las cebollas, las zanahorias, los puerros, los nabos y el perejil. En la misma cazuela, pochar las verduras picadas durante media hora aproximadamente, con 125 g de aceite de oliva, y sazonar. Añadir el vino de Jerez y el vino blanco; dejar evaporar, añadir el tomate frito y los pimientos del piquillo, y rehogar durante 15 minutos más.

Añadir el caldo de carne caliente y la pulpa del pimiento choricero e introducir los trozos de carne. Cocer todo durante aproximadamente 3 horas o 3 horas y media, a fuego medio. Según se vaya reduciendo la salsa, ir añadiendo el agua caliente poco a poco.

Retirar la carne, triturar la salsa en la batidora y pasar por un colador fino si se quiere.

ACABADO Y PRESENTACIÓN

Montar en un plato grande y plano la cabeza de
jabalí superponiendo las lonchas, agregar unas
lágrimas de salsa Lasarte por encima y algunos
brotes de espinaca y hojas de perifollo.

CABEZA DE **JABALÍ** CON SALSA LASARTE

20'

INGREDIENTES

300 g de cabeza de jabalí

Para la salsa Lasarte
3 huevos
1 cucharada de mostaza de Dijon
45 ml de aceite de oliva virgen extra
3 cucharadas de vinagre de Jerez

3 pepinillos en vinagre
1 cucharada de alcaparras
1 cucharada de perejil picado
1 cucharada de estragón picado
sal y pimienta
brotes de espinaca
hojas de perifollo

TRUCO

A la hora de comprar las alcaparras, lo importante es que sean de un color verde oscuro y cuanto más pequeñas, más sabrosas y tiernas mejor. Apenas contienen grasas, por lo que no aportan casi calorías.

ELABORACIÓN

Cortar la cabeza de jabalí en finas láminas. Cocer los huevos en agua fría con sal, 10 minutos desde que hiervan. Refrescar en agua con hielo.

Cascar los huevos y separar las claras de las yemas. Aplastar las yemas junto con la mostaza, con la ayuda de un tenedor.

Incorporar el vinagre y el aceite en forma de hilo, como si se tratara de una mayonesa. Salpimentar.

Añadir las alcaparras, los pepinillos picados y mezclar. Añadir las hierbas y la clara de huevo finamente picada. Mezclar bien y mantener en frío, cubierto con papel film en contacto.

ACABADO Y PRESENTACIÓN

Colocar en la olla con la parte sellada hacia abajo.
Esparcir un poco de pan rallado por encima y un
chorro de oloroso. Salpimentar y hornear durante
40 minutos hasta que estén bien dorados.

CABEZONES DE CHAMPIÑONES
RELLENOS

1h 15'

INGREDIENTES

12 champiñones bien grandes
un chorro de vino oloroso
100 g de chorizo troncal
200 g de carne picada de vaca
un chorro de salsa
  Worcestershire
1 cucharada de mostaza de
  Dijon
3 chalotas picadas

2 dientes de ajo picados
1 chile rojo fresco
un manojo de perejil fresco
pan rallado grueso
crepineta o redaño
aceite de oliva
sal

TRUCO

Para limpiar los champiñones,
cortar la base del pie y,
si no están muy sucios,
simplemente limpiarlos con
papel absorbente.
Nunca hay que dejarlos en
remojo en agua, porque son
como esponjas y absorberían
toda cl agua.

ELABORACIÓN

Precalentar el horno
200 °C. Lavar los
champiñones y
separar los pies de
las cabezas. Picar
los pies muy finos
y dorar las cabezas
en una olla ancha y
baja, con aceite de
oliva. Salpimentar,
añadir el vino, cubrir
la olla y soasar unos
8 minutos.

Sobre una tabla, picar
el perejil fresco y
añadirlo a un bol
junto con el chorizo
picado, la carne, la
salsa Worcestershire
y la mostaza. Escurrir
las cabezas de
champiñón de la
olla y añadir a ese
mismo recipiente un
chorro de aceite, las
chalotas, los ajos, el
chile picado, los pies
de champiñón y un
chorrito de oloroso.
Sofreír todo durante
unos minutos.

Estirar la crepineta y
colocar las cabezas
de campiñón encima
con el hueco mirando
hacia arriba. Añadir
el sofrito al bol
de carne picada y
rectificar la sazón.

Rellenar las cabezas
de champiñón con
el sofrito de carne
picada y cerrar las
crepinetas.

ACABADO Y PRESENTACIÓN

Volver a agregar las carrilleras y guisar otros
5 minutos más. Rectificar de sal y pimienta
y servir bien caliente.

CARRILLERAS DE **CERDO** AL CURRY

2h

INGREDIENTES

9 carrilleras de cerdo (1 kg)
2 zanahorias picadas (80 g)
3 cebollas picadas (375 g)
15 g de jengibre picado
1 tallo de citronela o
   limoncillo (15 g)
1 rama de apio picada (30 g)
5 g de harina
½ litro de txakoli

100 ml de leche de coco sin
   azúcar
2,5 g de curry
25 g de mantequilla
15 ml de aceite de oliva virgen
   extra
sal y pimienta

TRUCO

En nuestros mercados podemos encontrar citronela o limoncillo (también conocido como lemon grass) fresco, congelado, en conserva o seco, aunque este último es el que proporcionará menos sabor. Hoy en día se vende sobre todo en tiendas tipo delicatessen o en fruterías con una gran gama de producto.

ELABORACIÓN

Picar la citronela o limoncillo. Marcar las carrilleras en una cazuela con el aceite a fuego vivo, retirar y reservar.

Rehogar todas las verduras con mantequilla y aceite junto con el jengibre y la citronela, a fuego medio, durante 7 minutos. Espolvorear con harina, dar unas vueltas y mojar con el txakoli. Dejar evaporar el alcohol durante 2 minutos más y añadir el curry.

Añadir las carrilleras y guisar a fuego suave tapado durante 1 hora y 10 minutos aproximadamente. Pasado ese tiempo, agregar la leche de coco y cocer de 20 a 30 minutos más o hasta que las carrilleras estén bien blandas.

Quitar las carrilleras con cuidado, triturar toda la salsa y pasarla por un colador fino.

ACABADO Y PRESENTACIÓN

Añadir las patatas sobre el guiso.
Rectificar la sazón y añadir unas gotas de brandy.
Picar el perejil y espolvorearlo por encima.

COSTILLA DE **CERDO** AL CALIMOCHO

1h 30'

INGREDIENTES

750 g de costilla de cerdo troceada
1 loncha de jamón serrano gruesa
4 dientes de ajo
2 puerros
2 cebolletas
2 clavos de olor
una pizca de harina
un chorrito de vino tinto
4 cubitos de hielo
1 refresco de cola

1 limón
un chorrito de brandy
aceite de oliva
sal y pimienta

Además
2 patatas cortadas en dados de 2 cm
4 dientes de ajo con su piel
una pizca de mantequilla
perejil

TRUCO

Nunca debe usarse para cocinar un vino que no se bebería: hay que evitar los que no tengan cuerpo ni sabor. Para esta receta cualquier tinto afrutado y fresco puede ser un gran aliado.

ELABORACIÓN

Salpimentar los pedazos de costilla. En una olla, sofreír las costillas con un poco de aceite. Trocear los ajos, los puerros y las cebolletas, y añadirlos al fondo junto con los clavos y la harina.

Picar sobre la tabla el jamón y añadirlo a la olla.

Hacer el calimocho en un vaso juntando el hielo, el vino, el refresco y la piel del limón. Añadir el calimocho a la olla, cubrir y guisar a fuego suave durante 45 minutos.

Lavar las patatas en agua y secarlas con un trapo. Ponerlas en una sartén con una pizca de mantequilla y los ajos, y asarlas a fuego suave hasta que se hagan y se doren.

ACABADO Y PRESENTACIÓN

Hornear las costillas durante unos 20 minutos
hasta que se tuesten y cojan buen color.
Cada 5 minutos pincelar las costillas para que
queden jugosas. Retirarlas del horno, aliñarlas
con la salsa de perejil y servir.

COSTILLAS CON SALSA DE PEREJIL Y LIMÓN

INGREDIENTES

12 costillas de cerdo blanco
   (1 kg)
2 litros de agua
1 cebolla entera (120 g)
1 zanahoria entera (100 g)
1 puerro pequeño (50 g)
1 rama de apio (35 g)
1 hueso de jamón
una pizca de sal
1 cucharada de aceite de oliva
30 ml de salsa de soja

**Para la salsa de perejil
y limón**
3 cucharadas de aceite
   de oliva virgen extra
2 dientes de ajo asado (10 g)
20 ml de zumo de limón
1 cucharada de vinagre
   de sidra
perejil picado
sal y pimienta

TRUCO

Hay que mirar con ojo y buscar carne de calidad. Es fácil porque la buena carne de cerdo se reconoce por su color sonrosado, su firmeza y frescura. Este color y olor es el resultado de una correcta alimentación del animal, abundante en hierbas aromáticas y alimentos naturales, como bayas o frutos, y eso se nota mucho.

ELABORACIÓN

Colocar en una olla la cebolla, la zanahoria, el puerro, la rama de apio y el hueso de jamón. Agregar los 2 litros de agua, una pizca de sal y llevar a ebullición.

Cuando rompa el hervor, añadir las costillas. Cocer durante 50 minutos a partir de que vuelva a romper el hervor. Espumar las impurezas, a medida que vayan subiendo a la superficie. Pasado este tiempo, retirar las costillas del caldo, enfriarlas un poco en la nevera y colocarlas en una bandeja de horno.

Precalentar el horno a 210 °C (modo grill). Mezclar la salsa de soja con la cucharada de aceite de oliva y pincelar las costillas con una brocha.

Para la salsa de perejil y limón, mezclar el perejil con el aceite de oliva. Añadir los dientes de ajo asados, el zumo de limón y el vinagre. Triturar todo junto con una túrmix y salpimentar.

ACABADO Y PRESENTACIÓN

Cocer unos 40 minutos más o hasta que las
patatas y la carne estén tiernas. Rectificar de
sal y pimienta y añadir el perejil picado al final
junto con un hilo de aceite de oliva virgen extra
en crudo.

GUISO ANTICRISIS

Al mal tiempo buena cara

2h

INGREDIENTES

800 g de panceta fresca
150 g de zanahorias
200 g de cebolletas
6 dientes de ajo
1 botella de vino tinto
1,5 litros de caldo
800 g de patatas cascadas
perejil picado
aceite de oliva virgen extra
sal y pimienta

TRUCO

Para esta receta usar cualquier vino tinto joven, siempre que sea de buena calidad.
Nunca se debe utilizar un vino sin cuerpo ni sabor, o avinagrado. Jamás usemos para cocinar un vino que no nos beberíamos.

ELABORACIÓN

Cortar la panceta en trozos de aproximadamente 3 x 3 cm. Pelar las zanahorias y la cebolleta, y picarlas en brunoise (pequeños dados). En una cazuela dorar los trozos de panceta. Retirar y reservar. Quitar el exceso de grasa.

Agregar las zanahorias, las cebolletas y los ajos, todo bien picado, y rehogar todo junto unos 5 minutos aproximadamente. Volver a añadir a la cazuela los trozos de panceta y entonces sazonar, no antes.

Desglasar con el vino tinto y dejar reducir durante 10 minutos. Añadir el caldo y cocer a fuego suave, a pequeños borbotones, durante 50 o 60 minutos aproximadamente.

Pelar y lavar las patatas, cascarlas en trozos grandes sobre el guisado, e incorporar también algunos trozos más pequeños para que suelten todo el almidón.

ACABADO Y PRESENTACIÓN

A la salida del horno, espolvorear con el idiazábal o cualquier otro queso seco, y echar un chorrito del aceite de perejil que teníamos reservado del principio. Preparar una ensalada para acompañar mezclando los berros con las cerezas partidas por la mitad y sin hueso, una juliana de jamón ibérico y aliñar con aceite, vinagre y sal. Terminar echando un poco de vinagre de Módena encima de los lomopizza.

LOMOPIZZA DE ANCHOAS, MOZZARELLA Y ACEITUNAS

40'

INGREDIENTES

150 g de mozzarella
400 g de lomo embuchado
16 tomates cherry
4 filetes de anchoa
20 ml de aceite de oliva
12 aceitunas negras
100 g de parmesano rallado
100 g de idiazábal rallado
15 ml de vinagre de Módena
sal y pimienta
100 ml de aceite de oliva
4 g de hojas de perejil

Para la ensalada verde
berros
cerezas
jamón ibérico
aceite, vinagre y sal

TRUCO

Es importante que la mozzarella presente una estructura uniforme, sin zonas con otras coloraciones, y una relativa consistencia y elasticidad al cogerla con la mano. Si al frotarla levemente se despelleja, es síntoma de que no es fresca o que ha habido errores en su elaboración.

ELABORACIÓN

Colocar el aceite de oliva y los 4 g de hojas de perejil en un vaso de túrmix con una pizca de sal, triturar bien y reservar.

Escurrir las mozzarellas y cortarlas en dados de aproximadamente 1 cm. Cortar las anchoas en 8 trozos y los tomates cherry en dos.

Marcar el lomo en una sartén antiadherente 1 minuto por cada lado aproximadamente. Quitarle la grasa de los costados y cortar en rodajas y luego en rectángulos regulares.

Colocar estos rectángulos en una bandeja de horno e ir alternando las aceitunas, la mozzarella, los tomates cherry y trocitos de anchoa entre todos los rectángulos. Echar un chorrito de aceite virgen por encima de cada uno de ellos. Espolvorear el parmesano y cocinar en el horno a 180 ºC durante 2 minutos.

ACABADO Y PRESENTACIÓN

Espolvorear con abundante perejil picado.

LOMO DE **CERDO** CON **HONGOS** AL JEREZ

Matrimonio bien avenido

INGREDIENTES

400 g de lomo de cerdo adobado
125 g de hongos frescos
150 ml de nata
500 ml de caldo de carne
10 g de mantequilla
1 cucharada de aceite oliva virgen extra
1 cucharada de vinagre de Jerez
1 cucharadita de perejil picado
sal

TRUCO

A la hora de escoger los hongos se ha de mirar que estén bien secos, firmes, enteros y que se sientan pesados en la mano. Los mejores suelen ser los de tamaño medio, más perfumados.

ELABORACIÓN

Poner el caldo en un cazo y dejarlo reducir a 50 g. Reservar. Cortar el lomo de cerdo en 4 filetes de 100 g cada uno. Sazonar muy ligeramente porque el caldo reducido ya tiene su salinidad. Marcar el lomo de cerdo en una cazuela baja antiadherente un minuto por cada lado, a fuego fuerte, con la cucharada de aceite de oliva. Retirar y reservar.

Filetear los hongos no muy finos (5 mm aproximadamente). En la misma cazuela agregar la mantequilla y saltear los hongos durante 2 minutos. Desglasar con el caldo de carne reducido.

Agregar la nata y añadir los filetes de lomo reservados. Cocer todo junto durante 3 minutos a fuego medio hasta que la salsa se espese y tenga la textura deseada.

Añadir el vinagre de Jerez dar unas vueltas y servir.

ACABADO Y PRESENTACIÓN

Hornear la pasta durante 8 minutos y otros
2 minutos con modo grill. Cuando coja un color
bien dorado, sacar del horno, espolvorear con
cebollino y servir.

MACARRONES CON
GORGONZOLA Y **JAMÓN**

45'

INGREDIENTES

400 g de macarrones
150 g de jamón ibérico en dados
150 g de gorgonzola
400 ml de nata líquida
100 g de emmental rallado
½ pastilla de caldo de ave
1 cucharada de cebollino picado
agua
sal

TRUCO

Dos trucos a la hora de hacer la crema de queso: añadir el queso al líquido caliente, pero que no esté hirviendo; una vez añadido el queso, remover lo menos posible para evitar que se formen filamentos.

ELABORACIÓN

Para la crema de gorgonzola, colocar la nata en una cazuela y echarle la pastilla de caldo bien desmenuzada con las manos. Hervir a fuego bajo hasta que la preparación quede homogénea y los trocitos de caldo se deshagan. Añadir el queso gorgonzola fuera del fuego y mezclar todo bien hasta que quede una crema bien untuosa. Reservar.

Para los macarrones, precalentar el horno a 180 °C. Cocer la pasta en abundante agua con sal durante 10 minutos removiendo de tanto en tanto para que no se pegue en el fondo de la cazuela.

Pasado este tiempo, colar la pasta y colocarla nuevamente en la cazuela bien esparcida. Verter la crema de gorgonzola y añadir también el jamón ibérico picado en dados pequeños de aproximadamente 5 mm.

Mezclar bien, verter la preparación en un recipiente para horno y espolvorear con el emmental rallado.

ACABADO Y PRESENTACIÓN

Servir todo junto con un poco de parmesano
rallado y cebollino picado.

MACARRONES CON **PUERROS** Y **CHISTORRA**

40'

INGREDIENTES

400 g de macarrones
300 g de chistorra
200 g de puerros
100 ml de txakoli
50 g de parmesano rallado
2 cucharadas de aceite oliva
pimienta de molinillo
100 ml de nata líquida
cebollino picado
sal

TRUCO

A la hora de cocer la pasta, cocerla en 10 veces su peso en agua hirviendo vigorosamente (100 g de pasta por cada litro de agua). También es importante la cantidad de sal, basta con agregar media cucharada por cada litro de agua; ese es el punto perfecto.

ELABORACIÓN

En una cacerola grande con agua hirviendo y sal, poner a cocer la pasta según el tiempo que indica el envase. Lavar y cortar finamente los puerros. Rehogarlos con un poco de aceite a fuego medio durante 3 minutos revolviendo suavemente. Quitarle la piel a la chistorra y desmenuzarla con un tenedor o un cuchillo hasta que quede un picadillo fino.

Agregar la chistorra a los puerros y dejar dorar (sin que tome color) durante unos 5 o 6 minutos.

Verter el txakoli y dejar evaporar. Agregar la pimienta. Una vez colados los macarrones, se pueden saltear en una sartén con un poco del agua de cocción o simplemente agregarles un chorro de aceite por encima.

Mezclar la pasta con el sofrito de puerros y chistorra. Agregar la nata y dejar reducir durante 5 minutos para obtener una consistencia cremosa.

ACABADO Y PRESENTACIÓN

Espolvorear con nuez moscada y volcar
la preparación en un recipiente para horno.
Montar los 50 g de nata restante y napar sobre
la preparación anterior, para que se forme una
costra al gratinar. Acompañar de una ensalada
de cogollos aliñada con una vinagreta hecha
con los ajos asados. Servir las paletillas con
su jugo junto con el gratín de acelga y la ensalada
de cogollos.

PALETILLA ASADA CON GRATÍN DE ACELGAS

2h

INGREDIENTES

2 paletillas de cordero lechal
  (700 g cada una)
½ vaso de agua
1 cabeza de ajos
sal y pimienta

Para el gratín
600 g de acelgas
40 g de queso azul
30 g de mantequilla
100 ml de caldo de carne
100 ml de nata (para la
  cocción)

50 ml de nata (para el final)
20 g de chalotas
nuez moscada
sal y pimienta

Además
6 cucharadas de aceite de
  oliva virgen extra
3 cucharadas de vinagre
  de Jerez
pulpa de ajos asados
cogollos de lechuga o endivias

TRUCO

Aunque sea una costumbre, es muy importante no golpear nunca la carne del cordero antes de asarlo, porque eso hace que los jugos se escapen y la paletilla se seque.

ELABORACIÓN

Precalentar el horno a 180 ºC. Salpimentar las paletillas y poner en una bandeja de horno con la parte interior hacia arriba, verter el agua. Asarlas junto con los ajos 45 minutos por cada lado, rociándolas con su jugo. Para el gratín, limpiar las acelgas, cortar las pencas en trozos de 2 cm y blanquear las hojas en agua hirviendo con sal durante 1 min. Refrescarlas con agua y hielo. Escurrir y reservar.

A mitad de cocción, dar la vuelta a las paletillas para asarlas por el otro lado. Una vez dada la vuelta, no conviene volver a rociar la carne, para que al final quede tostada y crujiente. El fondo de la bandeja no ha de secarse, debe asarse en ambiente húmedo. Si fuera necesario, añadir más agua en la bandeja (nunca sobre la carne).

Para el gratín, rehogar la chalota con los 30 g de mantequilla durante 2 minutos, añadir las pencas de acelga. Mojar con el caldo y cocer a fuego medio durante 5 o 6 minutos. Añadir la nata y salar. Agregar las hojas de acelga cortada en juliana gruesa y cocer 2 minutos más.

Fuera del fuego, añadir el queso azul y mezclar.

ACABADO Y PRESENTACIÓN

Poner la panceta asada sobre una tabla y trinchar.

PANCETA ASADA «SICHUAN»

INGREDIENTES

1 panceta de cerdo fresco
de 1,5 kg
1 cucharada de pimienta de
Sichuan
un trozo de jengibre fresco
4 cucharadas de salsa de soja
un poco de kétchup
6 cucharadas de salsa de
tomate
el zumo de 1 limón

una pizca de ralladura de
limón
una pizca de 4 especias
una pizca de azúcar
una pizca de miso
6 cebolletas frescas medianas
10 dientes de ajo con piel
10 patatas nuevas medianas,
con piel
vino blanco
sal y pimienta

TRUCO

Es básico que a los asados
no les falte nunca un fondo
húmedo; esto hace que se
forme una salsa y no se
resequen. Por eso, si el
líquido se evapora pronto
hay que volver a echarle más.

ELABORACIÓN

Precalentar el horno
200 ºC. Marcar con el
cuchillo unos cortes
paralelos sobre la
grasa de la panceta.
Majar la pimienta
de Sichuan en el
mortero.

Hacer un mejunje en
una bolsa de vacío.
Para eso, mezclar
el jengibre rallado,
la pimienta de
Sichuan, la soja, el
kétchup, la salsa de
tomate, el zumo de
limón, las 4 especias,
el azúcar, el miso,
la sal, la ralladura
y la pimienta.

Meter la panceta en
la bolsa y masajearla
un buen rato con todo
este mejunje. Sacar
y colocarla sobre una
bandeja de asar con
la grasa hacia abajo
y guarnecerla con las
cebolletas partidas
en cuartos, los ajos
y las patatas. Mojar
con vino blanco y
agua. Meter al horno
a 200 ºC durante
50 minutos.

Rociar con una
cuchara con el jugo
de asado y darle
la vuelta, dejando
la grasa hacia
arriba. Volver al
horno y tener otros
50 minutos más,
rociando la panceta
hasta 20 minutos
antes de sacarla,
para que quede
crujiente toda la
corteza.

ACABADO Y PRESENTACIÓN

Mezclar todo bien y servir. Espolvorear si se quiere
con un poco más de pimentón por encima al final.

PASTA CON **CERDO** Y PIMENTÓN

Fácil y untuosa

35'

INGREDIENTES

400 g de pasta
400 g de solomillo de cerdo
5 g de pimentón de La Vera
100 ml de nata
200 g de cebolletas
8 pimientos del piquillo
30 g de aceite de oliva
sal y pimienta

TRUCO

Aunque la textura de la pasta es una cuestión de gustos, en general se prefiere la cocción *al dente*. Es mejor sacarla del agua cuando esté un poco dura por dentro; sobre todo si se sirve con salsa.

ELABORACIÓN

Cortar el solomillo en tiras de 1 x 4 cm aproximadamente. Cortar también la cebolleta en tiras finas, así como los pimientos del piquillo. Poner en un bol el pimentón, la pimienta y un punto de sal.

Marcar la carne en una sartén a fuego fuerte, para que se selle bien, con el aceite de oliva por ambos lados. Retirarla al bol que contiene pimentón, pimienta y sal, darle unas vueltas para que se mezcle bien y reservar.

Añadir la cebolleta a la sartén y dejar cocinar bien durante unos 8 minutos, hasta que esté bien pochada. Desglasar con la nata y dejar reducir hasta que esté un poco más espesa. Cuando la salsa haya tomado la consistencia deseada, agregar los pimientos del piquillo y dejar un par de minutos más.

Cocer la pasta al dente en agua hirviendo con un punto de sal. Escurrir y añadir la pasta a la salsa junto con los dados de carne.

ACABADO Y PRESENTACIÓN

Mezclar bien hasta que el queso se funda
perfectamente y todos los sabores se unifiquen.
Servir enseguida.

PASTA CON **JAMÓN** Y **SETAS**

Macarrones ilustrados y sabrosos

20'

INGREDIENTES

500 g de pasta (minimacarrones)
125 g de jamón ibérico
200 g de emmental rallado
120 g de champiñones
1 pastilla de caldo de ave
50 g de mantequilla
1 cucharada de cebollino picado
1 cucharadita de mascarpone
sal y pimienta

TRUCO

Para asegurarnos de que no nos pasamos con el punto de la pasta, lo mejor es dejar de cocerla cuando todavía esté un poco dura en el centro. Seguirá ablandándose mientras se añade la salsa y se sirve.

ELABORACIÓN

Fundir la mantequilla en una cazuela, agregar la pasta y saltearla un minuto, como si se tratara de arroz. Añadir los champiñones cortados en dados de 5 mm aproximadamente y rehogar todo junto un minuto más a fuego medio.

Verter agua hasta cubrir y agregar un trocito de pastilla de caldo o, preferiblemente, utilizar un buen caldo de ave elaborado en casa. Cocer la pasta durante 10 minutos o hasta que esté cocida y se evapore todo el caldo.

Agregar el jamón cortado en dados aproximadamente de 5 mm de espesor, el emmental rallado y una buena cucharadita de mascarpone.

Rectificar de sal y pimienta, y espolvorear con cebollino bien picado.

ACABADO Y PRESENTACIÓN

Transcurridos los 20 minutos de horneado,
espolvorear con el resto del cebollino y servir.

PASTEL DE PATATA Y **CHISTORRA**

Suculencia en estado puro

1 h 45'

INGREDIENTES

4 patatas medianas (1 kg)
80 g de tocineta en lardones
80 g de chistorra picada en dados pequeños
100 g de mantequilla
500 ml de nata
100 g de queso emmental rallado
2 cucharadas de cebollino picado
sal y pimienta

TRUCO

Para acortar el tiempo de cocción de las patatas en el horno, se pueden cocer previamente en agua, enteras y con la piel durante 10 minutos. Escurrirlas y continuar con la receta, envolviéndolas en papel de aluminio y metiéndolas en el horno. Así se acorta el tiempo de asado.

ELABORACIÓN

Precalentar el horno a 180 ºC. Lavar las patatas y envolverlas en papel de aluminio. Colocarlas en una bandeja y hornearlas a 180 ºC durante 1 hora, hasta que estén blandas. Dejarlas entibiar, pelar y rallar.

Saltear los lardones de tocineta y la chistorra en una sartén antiadherente, a fuego suave durante 5 minutos. Escurrir bien con un colador grande para quitar el exceso de grasa y reservar.

Hervir la nata junto con la mantequilla, incorporar las patatas ralladas sin dejar de remover. Agregar la tocineta y la chistorra, bien escurridas y secas con papel absorbente, el queso emmental rallado y parte del cebollino picado. Poner a punto de sal y pimienta.

Colocar la mezcla en un molde y hornear a 180 ºC durante 20 minutos, o hasta que la superficie adquiera un bonito color dorado.

ACABADO Y PRESENTACIÓN

Servir la morcilla con la mezcla de patata y
la berza embarrada, presentada en forma de
quenelle o como más apetezca.

PATATAS Y BERZA EMBARRADA CON **MORCILLA**

Tremendo antídoto contra el frío

INGREDIENTES

400 g de patatas
500 g de berzas
300 g de morcilla de verdura
2 cucharadas de aceite de oliva virgen extra
1 diente de ajo
75 g de mantequilla
50 ml de aceite de oliva virgen extra
sal y pimienta

TRUCO

No es buena idea utilizar máquinas para triturar las patatas, generalmente sus cuchillas rompen los gránulos y moléculas de almidón y producen una masa fina que parece un engrudo.

ELABORACIÓN

Lavar las patatas sin pelar. Hornear a 180 ºC envueltas en papel de aluminio durante 50 minutos. Mientras, cocer las hojas de berza cortadas en juliana en agua salada durante 15 minutos.

Una vez cocidas las patatas, cortarlas en dos y sacarles la pulpa. Hacer un refrito con 2 cucharadas de aceite y un diente de ajo fileteado.

Chafar la patata junto con la berza con la ayuda de un pasapurés. Añadir el refrito. Incorporar poco a poco los 75 g de mantequilla en dados pequeños y los 50 g de aceite. Mezclar bien hasta que quede homogéneo.

Cocer la morcilla en agua hirviendo a fuego suave partiendo de agua fría durante 45 minutos o 1 hora (muy importante, no pincharla) y cortarla en raciones de 150 g por persona, aproximadamente.

ACABADO Y PRESENTACIÓN

Espolvorear el perejil picado y servir.

PRESA DE CERDO IBÉRICO «ZUBIGAIN»

30'

La untuosidad llevada al guiso

INGREDIENTES

500 g de presa ibérica
350 g de champiñones
2 cebolletas
1 pimienta de Cayena fresca
1 diente ajo
80 ml de nata
80 ml de agua
1 cucharada de perejil picado

60 g de mantequilla
1 cucharada de aceite de oliva virgen extra
1 cucharadita de pimentón dulce
sal y pimienta

TRUCO

La presa de cerdo ibérico es una pieza que tiene bastante grasa intermuscular, lo cual hace que sea una carne súper jugosa y sabrosa, por lo tanto hay que respetar los tiempos de cocción para que no pierda estas virtudes.

ELABORACIÓN

Cortar la presa en trozos de 5 cm de largo y 2 cm de espesor. Picar las cebolletas finamente y aplastar el diente de ajo. Cortar los champiñones en cuartos.

Calentar una cazuela y agregar la cucharada de aceite de oliva. Marcar los trozos de presa rápidamente a fuego vivo para que cojan color pero estén jugosos al mismo tiempo. Retirar del fuego y reservar. Añadir la mantequilla y el ajo y rehogar junto con las cebolletas a fuego medio durante 2 o 3 minutos.

Agregar los champiñones, la cayena fresca picada y continuar pochando durante otros 5 minutos más. Añadir la nata y el agua, llevar a ebullición, dejar reducir unos minutos y poner a punto de sal y pimienta.

Incorporar el pimentón y la carne reservada, y sazonada en ese momento, con el jugo que ha soltado. Calentar todo junto durante 1 minuto.

ACABADO Y PRESENTACIÓN

Colocar los vasos en una bandeja y cocer en el
horno de 35 a 40 minutos, hasta que la quiche
cuaje y la superficie tenga un bonito color dorado.
La textura debe quedar suave y temblorosa.

QUICHE DE CHORIZO

INGREDIENTES

300 g de chorizo fresco para puchero
4 huevos
300 ml de nata
100 g de emmental rallado

TRUCO

Es muy importante precocinar no solo los embutidos frescos, sino también las carnes y verduras que vayamos a incorporar a nuestras quiches, porque de lo contrario soltarán las grasas y los jugos, y el resultado no será óptimo.

ELABORACIÓN

Cortar el chorizo en trozos de 1 x 1 cm. Cocinarlo en una sartén a fuego bajo sin nada de aceite 4 minutos aproximadamente, sin que tome demasiado color. Escurrir con un colador, colocarlo en una bandeja con papel absorbente, eliminando el máximo de grasa posible y reservar.

Mezclar en un bol los huevos, la nata y tres cuartas partes del queso emmental rallado.

Coger cuatro vasos de cristal que puedan soportar el calor del horno y agregar el chorizo bien escurrido. Rellenar con la mezcla de huevo y nata.

Espolvorear por encima el queso rallado que quedaba.

ACABADO Y PRESENTACIÓN

Servir junto con el puré de patatas caliente, unos
pistachos enteros y unos gajos de naranja pelados
a vivo. Espolvorear con cebollino picado.

SOLOMILLO DE CERDO CON PATATAS ASADAS

2h 15'

Propuesta infalible

INGREDIENTES

1 solomillo de cerdo de 800 g
4 patatas medianas
1 cucharada de cebollino picado
6 cucharadas de aceite de oliva
pimienta negra recién molida
1 naranja
una pizca de pistachos enteros y picados
cebollino picado
sal

TRUCO

Es fundamental dejar reposar el asado antes de cortarlo; de este modo la carne retendrá la mayor parte de sus jugos cuando se corte. Si además tapamos el asado con papel de aluminio, la superficie no se enfriará demasiado.

ELABORACIÓN

Precalentar el horno a 180 °C. Cortar la naranja a vivo. Lavar las patatas, envolverlas en papel de aluminio y hornear a 180 °C durante 1 hora aproximadamente o hasta que estén blandas.

Pelar las patatas, aplastarlas con un tenedor o con una prensa patatas, añadir el aceite de oliva, el zumo de naranja sobrante de cortarlas a vivo y salpimentar. Reservar en caliente. A la hora de servir el puré, agregar el cebollino picado y los pistachos picados.

Atemperar el solomillo durante 35 minutos fuera de la nevera. En una sartén bien caliente, marcar el solomillo por todas sus caras durante 10 o 12 minutos. Hornear sobre una rejilla a 130 °C durante 20 o 25 minutos (dependiendo del tamaño), dejando una bandeja debajo para recoger sus jugos.

Transcurrido ese tiempo, sacar el solomillo y dejarlo reposar 7 minutos tapado con papel de aluminio, al que se han hecho dos chimeneas. Cortar el solomillo en rodajas gruesas y sazonar.

ACABADO Y PRESENTACIÓN

Para hacer la salsa, poner todos los ingredientes
en la batidora, triturar y salpimentar. Luego
poner a refrescar. Colocar la salsa en la base de
una bandeja, colocar encima los tomates tibios.
Espolvorear con el cebollino picado y un hilo
de aceite de oliva.

TOMATES RELLENOS DE **CARNE**

1h 15'

INGREDIENTES

8 tomates medianos con su tallo
1 cebolleta muy picada
2 dientes de ajo picados
100 g de beicon en taquitos
ramillete pequeño de
    albahaca fresca
6 tomates confitados
la carne de 4 salchichas frescas
1 huevo
50 g de queso idiazábal rallado
aceite de oliva
2 ramitas de tomillo fresco
8 pimientos del piquillo
5 cucharadas de miga de pan
    fresco rallado

una pizca de azúcar
100 ml de jugo de asado de pollo
un chorrito de vino blanco
cebollino picado
sal y pimienta

Para la salsa

3 tomates pera maduros
un chorrito de tabasco
un chorrito de kétchup
2 cucharadas de tomate
    concentrado
un chorrito de vinagre de Jerez
50 g de miga de pan de hogaza
aceite de oliva virgen
sal y pimienta

TRUCO

Mi tomate preferido para
hacer la salsa es el tomate
pera, cuya piel no es muy
gruesa, tiene mucha carne,
un sabor muy equilibrado y
no es extremadamente ácido.
Sobre todo, tiene muy pocas
pepitas.

ELABORACIÓN

Precalentar el horno
a 180 ºC. Cortar la
parte de arriba de los
tomates y vaciarlos,
reservando la tapa.
Picar la carne del
interior de los
tomates y ponerla
en un bol. En una
sartén honda con
aceite, sofreír la
cebolleta con los ajos
y salpimentar. Añadir
el beicon y sofreír.

Picar sobre la tabla
la albahaca y los
tomates confitados,
y colocar en un bol.
Añadir la carne de
salchicha, el huevo,
el queso y el pan
rallado, mezclar
y salpimentar. En
la sartén honda
incorporar al sofrito
el tomate picado, el
tomillo y el azúcar y
guisar unos minutos.

Abrir los pimientos
del piquillo y tapizar
el fondo de los
tomates con ellos,
para sellar por
si hay agujeros.
Salpimentarlos
y añadir una pizca
de azúcar.

Mezclar el sofrito
con la preparación de
salchicha y rellenar
con ella los tomates.
Colocarlos en el
fondo de una bandeja
de horno con el jugo
de asado, el vino,
el aceite de oliva,
cubrir con papel de
aluminio y hornear
25 minutos.

ACABADO Y PRESENTACIÓN

Salpimentar y servir junto con los riñones.

RIÑONES DE CORDERO CON PATATAS

45'

INGREDIENTES

12 riñones de cordero
40 g de mantequilla
2 cucharadas de aceite de
  oliva virgen extra
3 dientes de ajo
2 cebolletas jóvenes
200 ml de oporto
sal

pimienta recién molida
perejil picado
2 patatas medianas
100 g de tocineta en lardones
100 g de cebollitas pequeñitas
20 g de mantequilla fría
sal y pimienta

TRUCO

Como siempre a la hora de comprar cualquier producto, pero en este caso más si cabe, hay que fijarse especialmente en que los riñones estén muy frescos. Una vez comprados, lo más conveniente es consumirlos o por lo menos cocinarlos el mismo día o al día siguiente conservándolos en el frigorífico.

ELABORACIÓN

Precalentar el horno a 150 °C. Cortar los riñones en dos. Pelar los ajos, quitarles el germen y picarlos finamente. Cortar las cebolletas en juliana. Saltear los riñones a fuego vivo en una sartén con 1 cucharada de aceite de oliva durante 1 minuto, dejándolos crudos por dentro. Retirar.

Rehogar las cebolletas y el ajo picado en la misma sartén con la otra cucharada de aceite y los 40 g mantequilla durante 3 o 5 minutos, desglasar con el oporto y dejar reducir a seco. Añadir los riñones reservados a la salsa, salpimentar y espolvorear con perejil.

Pelar las patatas y cortarlas en cubos de 2 cm. Cocerlas en agua hirviendo con sal durante 10 minutos y reservar. Rehogar en una sartén los lardones de tocineta junto con las cebollitas alrededor de 3 minutos, añadir las patatas y saltear todo junto 1 minuto más.

Terminar de cocer en el horno a 150 °C, durante 10 minutos o hasta que tengan buen color y las cebollitas estén tiernas. Retirar del horno, agregar los 20 g de mantequilla fría y mezclar bien para que se integre el sabor de la tocineta y las cebolletas, y quede más untuoso.

ACABADO Y PRESENTACIÓN

Se puede acompañar con una ensalada aliñada
con vinagreta de hongos y mostaza.

ALITAS DE POLLO ASADAS AL AJILLO

Con mucha chispa

INGREDIENTES

12 alas de pollo
10 dientes de ajo fileteados
4 guindillas
40 ml de aceite de oliva virgen extra
60 ml de vinagre de sidra
60 ml de vinagre de Jerez
1 pastilla de caldo de ave
1 cucharada de perejil picado
pimienta recién molida

TRUCO

El pollo dura poco. Por eso, si vemos que no vamos a cocinarlo en unos días, lo mejor es congelarlo crudo. En caso de que nos hayamos olvidado y el pollo esté un poco «tocado», debemos lavarlo bien en agua fría y asarlo o guisarlo rápidamente.

ELABORACIÓN

Precalentar el horno a 280 ºC y 10 minutos antes de cocinar las alas, colocar una rejilla con una bandeja por debajo. Limpiar las alas de pollo con cuidado y cortarlas por la mitad separando la contra-ala del ala. Quitar las pepitas a las guindillas, filetearlas y reservarlas.

En un cazo colocar los dos vinagres y reducirlos a la mitad. Cuando los vinagres estén reducidos, agregar la pastilla de caldo y dejar a fuego lento durante otros 5 minutos más hasta conseguir una textura un poco densa. Reservar.

Colocar los 40 g de aceite y el ajo fileteado en una sartén; cuando comience a coger un color naranja claro, retirarlo y dejar enfriar. Colocar las alitas sobre la rejilla de horno y asarlas durante 12 minutos.

Sacarlas del horno y ponerlas sobre la bandeja que teníamos debajo. Mezclar bien las guindillas, la reducción de los vinagres y el aceite con ajo. Espolvorear con perejil picado, pimienta recién molida y verter por encima de las alitas.

ACABADO Y PRESENTACIÓN

Rectificar de sal, retirar del fuego y dejar reposar
las alitas al menos durante un día.

ALITAS DE **POLLO** EN ESCABECHE

1h 5'

INGREDIENTES

1,5 kg de alitas de pollo
150 g de cebolletas
10 cebollitas francesas
225 g de apio
400 g de puerros
150 g de zanahorias
10 zanahorias mini
20 dientes ajo
1 rama de tomillo
100 ml de aceite virgen extra
sal

Además
150 ml de aceite de oliva suave
200 ml de vinagre de Jerez
150 ml de vino blanco
1 litro de agua
10 granos de pimienta

TRUCO

Hay que comer las alitas
a temperatura ambiente o
tibias, nunca recién sacadas
de la nevera. También
podemos hacer escabeches
de rechupete con salmón,
berberechos, mejillones,
pollo, perdiz e incluso con
ostras o foie gras...

ELABORACIÓN

Cortar las zanahorias
en láminas, picar el
puerro, el apio y las
cebolletas, y pelar
los ajos.

Dorar las alitas a
fuego vivo, en una
cazuela con una
parte el aceite de
oliva virgen extra
(deben coger color
y quedar crudas
por dentro). Retirar,
salar y reservar.
En la misma cazuela,
rehogar todas las
verduras con el resto
del aceite de oliva
virgen extra y una
pizca de sal durante
10 minutos.

Añadir las alitas
reservadas y agregar
el vino blanco, el
vinagre, el aceite
de oliva suave, los
granos de pimienta,
las cebollitas, las
zanahorias mini y la
rama de tomillo.

Cubrir con el litro de
agua y cocer tapado a
fuego suave, durante
25 o 30 minutos.

ACABADO Y PRESENTACIÓN

Montar el bocadillo en este orden: pan, mayonesa
de ostras, pechuga, pétalos de cebolla, berros,
mayonesa de ostras y pan.

BOCATA LASARTE

40'

INGREDIENTES

250 g de pechuga de pollo
unas hojas de berros
pan de bocadillo
sal y pimienta

Para los pétalos de cebolla
1 cebolla roja mediana (250 g)
10 g de mantequilla
1 cucharada de vinagre de Jerez

Para la mayonesa de ostras
100 g de carne de ostras
1 yema de huevo
1 cucharada de zumo de limón
70 ml de jugo de ostras
300 ml de aceite de oliva
    suave
un puñado de hojas de perejil
sal y pimienta

TRUCO

Podemos sustituir las
ostras por ingredientes
más económicos, como
berberechos, almejas o
mejillones; también podemos
hacer una mayonesa de
berros, de anchoas, de curry...
¡El cielo es el límite!

ELABORACIÓN

Cortar la pechuga
de pollo en filetes
no muy finos.
Salpimentar y
freírlos en una
sartén antiadherente,
por sus dos caras,
unos 3 minutos
aproximadamente;
deben quedar
jugosos.
Para la mayonesa de
ostras, abrir todas
las ostras, escurrir el
agua y colocarlas en
un bol. Lavar y secar
el perejil.

Triturar las ostras
en una túrmix con
el agua que sueltan,
la yema de huevo
y el perejil. Una
vez triturados los
ingredientes, agregar
el aceite de oliva
poco a poco para
emulsionar. Si es muy
espesa, agregar agua
mineral para aligerar.
Sazonar con el zumo
de limón, poner a
punto de sal. Colar y
reservar en la nevera.

Para los pétalos
de cebolla, cocer
la cebolla en el
microondas, a
máxima potencia,
durante 4 minutos,
2 minutos por
cada lado, pelarla
y separarla en
pétalos. Derretir la
mantequilla en una
sartén antiadherente,
añadir los pétalos
y saltearlos durante
2 minutos.

Agregar el vinagre
de Jerez y seguir
cociendo otros
2 minutos hasta
que se evapore
y los pétalos se
caramelicen. Dejar
enfriar y reservar.
Cortar el pan por la
mitad y untarlo con la
mayonesa de ostras
por sus dos caras.
Aliñar los berros con
unas gotas de aceite
de oliva y sal.

ACABADO Y PRESENTACIÓN

Trinchar los picantones y servir seguidamente,
junto con las patatas aplastadas.

PICANTÓN ASADO CON PATATAS APLASTADAS

2h

Sencillo e impecable

INGREDIENTES

2 picantones
1 cucharada de aceite de oliva
    virgen extra
sal y pimienta

Para las patatas aplastadas
6 patatas (300 g cocidas)
1 limón
70 g de aceitunas verdes
    con hueso
150 ml de aceite de oliva
    virgen extra
medio puñado de hojas
    de perejil
sal y pimienta

TRUCO

Añadir una pizca de agua en el fondo de la cazuela de los picantones si es necesario, para que tengan humedad (nunca encima). A la hora de comprar los picantones yo me fijo en el color de su grasa, cuanto más amarillenta mejor, que esté rollizo, que al tacto no esté pringoso sino que tenga la piel húmeda y nada resbaladiza.

ELABORACIÓN

Precalentar el horno a 250 °C. En una cazuela al fuego, dorar los picantones, salpimentados, en el aceite de oliva, 5 minutos por cada lado. Seguir dorando 5 minutos por la espalda y 5 más con la pechuga hacia abajo. Colocarlos en el horno y asar 15 a 20 minutos. Retirar del horno y dejar reposar cubiertos con papel de plata con dos chimeneas durante 10 minutos.

Para las patatas aplastadas, lavar y cocer las patatas en una olla con agua salada, a fuego medio, durante 35 o 45 minutos, según el tamaño de las patatas. Pelar el limón a vivo, cortarlo en cuartos y volver a cortarlos en dados pequeños. Reservar. Cortar las aceitunas verdes en dados.

Cuando las patatas estén cocidas, pelarlas, colocarlas en un bol y aplastarlas con un tenedor. Añadir el limón cortado y las aceitunas verdes. Aliñar con el aceite de oliva añadiéndolo poco a poco, hasta que se absorba todo.

Lavar y secar las hojas de perejil y picarlas gruesas. Agregar a las patatas el perejil picado y poner a punto de sal y pimienta.

ACABADO Y PRESENTACIÓN

Incorporar los pedazos de pollo, remover, cubrir
y guisar 40 minutos. Partir en 2 la otra mitad de
los tomates cherry y añadirlos al guiso. Hervir
5 minutos más y rectificar la sazón.

POLLO AL ESTRAGÓN

1h 10'

INGREDIENTES

4 muslos de pollo de corral
   partidos en 8 pedazos
un ramillete hermoso de
   estragón fresco
20 cebollitas francesas
   peladas
6 chalotas peladas
1 cucharada de tomate
   concentrado
100 ml de vinagre de estragón
1 pastilla de caldo

un chorro de vino blanco
300 g de tomates cherry

TRUCO

A la hora de comprar los
tomates cherry lo importante
es que sean frescos, con
la piel lisa y sin manchas,
suaves al tacto y que no
estén blandos ni abollados.
Conviene elegirlos ni muy
verdes ni demasiado rojizos,
ya que los tomates siguen
madurando durante su
almacenamiento.

ELABORACIÓN

Salpimentar los
pedazos de pollo
sobre un papel.

En una sartén
honda antiadherente
dorarlos bien y
retirarlos a una
fuente. Atar el
estragón fresco.

Cortar las chalotas
en pedazos gruesos.
Añadir a la sartén
honda las cebollitas
francesas, las
chalotas y el tomate
concentrado,
remover. Verter el
vinagre de estragón y
dejar evaporar junto
con la pastilla de
caldo y el estragón
fresco.

Añadir el vino y la
mitad de los tomates
cherry. Machacar con
un aplastador.

ACABADO Y PRESENTACIÓN

Meter al horno a 160 ºC durante 1 hora 15 minutos.
Transcurrido ese tiempo, sacar y servir bien caliente.

POLLO AL VINO CON HONGOS

Tres en uno

1h 40'

INGREDIENTES

900 g de muslos y
  contramuslos de pollo
15 ml de aceite de oliva
250 g de hongos frescos
  cortados en cuartos (según
  el tamaño del hongo)
50 g de lardones de tocineta
12 chalotas pequeñas peladas
  cortadas por la mitad

1 diente de ajo picado (7 g)
25 g de mantequilla
1 cucharada de harina (17 g)
30 ml de coñac
750 ml de vino tinto
450 g de patatas cascadas
sal y pimienta

TRUCO

Hay que elegir siempre las
patatas consistentes, duras
al tacto, con la piel lisa y sin
brotes. Y no hay que olvidar
que el tiempo de cocción
puede ser muy diferente
en función del tamaño que
escojamos.

ELABORACIÓN

Cortar las patas
en muslos y
contramuslos.
Calentar en una
cazuela el aceite,
agregar el pollo
bien salpimentado
y dorar hasta que
esté bien coloreado
por todos los lados
(aproximadamente
unos 8 minutos).
Sacar y reservar.

Retirar la grasa
de la cazuela y
colocar la tocineta.
Rehogar bien unos
2 minutos hasta
que haya soltado
su propia grasa.
Añadir las chalotas
y el diente de ajo, y
cocinar 5 minutos
aproximadamente.
Una vez que tomen
color las chalotas,
agregar los hongos
y rehogar durante
5 minutos más.

Transcurrido ese
tiempo, añadir la
mantequilla y la
harina. Sazonar.
Dar 2 minutos más
de cocción. Agregar
también el coñac
y dejar reducir a la
mitad. Verter el vino
y llevar a ebullición.

Limpiar las patatas y
cascarlas. Agregar el
pollo reservado y las
patatas a la cazuela
y llevar a ebullición
de nuevo. Retirar
del fuego y tapar con
papel de aluminio.

ACABADO Y PRESENTACIÓN

Trocear el pollo y servir caliente, acompañado
con las patatas chafadas.

POLLO ASADO CON **PATATAS**

1h 40'

INGREDIENTES

1 pollo de 1,2 kg
6 u 8 patatas pequeñas (450 g)
2 cabezas de ajo (140 g)
2 cebollas (320 g)
20 ml de aceite de oliva virgen
   extra
30 g de mantequilla
un chorrito de agua
sal y pimienta

Además
125 g de mantequilla fría
   en dados

TRUCO

Es esencial dejar reposar cualquier carne asada. Durante el tiempo de reposo, la carne redistribuye sus jugos de un modo más uniforme, dando como resultado una carne más consistente y mucho más sabrosa. No hay punto de comparación.

ELABORACIÓN

Precalentar el horno a 160 ºC. Salpimentar el pollo por dentro y por fuera. Pelar y aplastar los dientes de ajo. Cortar las cebollas en juliana no muy fina. Pelar y lavar las patatas.

Colocar el aceite en una cazuela alta, agregar la cebolla, el ajo y las patatas, mezclar bien. Poner el pollo salpimentado sobre la cama de cebolla, ajo y patatas con las pechugas hacia arriba.

Agregar una nuez de mantequilla sobre cada una de las pechugas, frotando la superficie con las manos. Tapar y cocer 45 minutos. Añadir un poco de agua. Pasado ese tiempo, subir el horno a 200 ºC y cocer otros 30 minutos (dependiendo el tamaño del pollo) con la cazuela destapada.

Los últimos 15 minutos poner las pechugas hacia abajo hasta que cojan color. Colocar el pollo sobre una bandeja con rejilla y cubrirlo con papel de aluminio con 2 chimeneas. Dejar reposar 10 minutos. Aplastar las patatas, las cebollas, los ajos y los 125 g de mantequilla en dados.

ACABADO Y PRESENTACIÓN

Cortar la manzana en bastones. En la base de un
plato, colocar un poco de emulsión de parmesano,
las tiras de pollo por encima, un pequeño
bouquet de lechugas aliñadas y los bastones de
manzana. Servir con la emulsión de parmesano
en un cuenco aparte para que cada uno moje los
bastones de pollo en él o se sirva por encima lo
que quiera.

POLLO EN TIRAS CON PARMESANO

Fácil y con chispa

50'

INGREDIENTES

500 g de contramuslos
   de pollo sin hueso
1 diente de ajo

**Para la emulsión
de parmesano**
100 ml de leche entera
100 ml de nata
200 ml de caldo de ave
100 g de parmesano rallado

Además
un puñado de brotes
   de lechugas
4 cucharadas de aceite
   de oliva virgen extra
1 cucharada de vinagre
   de Jerez
1 manzana Granny Smith
sal y pimienta

TRUCO

Al hacer la emusión de parmesano es importante añadir el queso rallado muy fino y remover lo menos posible para evitar que se formen filamentos. Además hay que agregar el queso a la mezcla caliente, pero nunca hirviendo.

ELABORACIÓN

Cortar los contramuslos en tiras de 1 x 6 cm de largo. Pelar el ajo, quitarle el germen y filetearlo no muy fino (para que no se queme).

Para la emulsión de parmesano, hervir la leche junto con la nata y el caldo en un cazo. Fuera del fuego, agregar el queso parmesano y cubrir con papel film.

Dejar infusionar 30 minutos. Triturar y pasar por un colador fino. Reservar en caliente.

En una sartén bien caliente, colocar unas gotas de aceite de oliva, agregar los bastones de pollo y el ajo y saltear unos segundos.

ACABADO Y PRESENTACIÓN

Freír los trozos en aceite, sin que se quemen.
Escurrirlos bien sobre papel absorbente para
quitarles toda la grasa y servir.

POLLO FRITO

INGREDIENTES

4 muslos de pollo con piel
   deshuesados
500 g de harina
1 cucharada de pimentón dulce
1 cucharada de pimentón
   picante
1 cucharada de curry en polvo
1 cucharada de mostaza en polvo
1 cucharada de jengibre en polvo
1 cucharada de tomillo fresco
   deshojado

1 cucharada de orégano
   fresco picado
1 cucharada de estragón
   fresco picado
sal y pimienta molida
un chorrito de leche fría
un chorrito de agua fría
200 g de panko (pan rallado
   japonés)

TRUCO

Si no encontramos el panko,
bastaría con el pan rallado
normal, pero podemos hacer
en casa una especie de panko
utilizando pan de molde sin
corteza. Se tritura cuando ya
esté duro y completamente
seco, y se guarda
herméticamente para que no
se humedezca ni pierda su
dureza, así de sencillo.

ELABORACIÓN

Trocear cada muslo
en unos 4 pedazos
sobre la tabla
y salpimentarlos.
Mezclar la harina,
los pimentones,
el curry, la mostaza, el
jengibre, el tomillo,
el orégano, el
estragón, la sal
y la pimienta.

Dividir la harina
aromatizada en
dos boles. A un bol
añadirle un poco
de leche y agua,
removiendo hasta
lograr una pasta de
rebozar que no quede
líquida. En esa pasta
meter los pedazos de
pollo, dejando que se
marinen alrededor de
3 horas.

Agregar en el
segundo bol de
harina aromatizada
el pan rallado panko
y mezclar.

Escurrir los trozos de
pollo de la pasta de la
marinada y pasarlos
por la harina
aromatizada con
panko del otro bol.

ACABADO Y PRESENTACIÓN

Ligar la salsa con los 40 g de mantequilla fría
fuera del fuego hasta que quede untuosa
y brillante. Rectificar de sal y pimienta,
espolvorear con cebollino picado y servir.

POLLO SALTEADO CON SALSA DE MOSTAZA

Con un unte delicioso

INGREDIENTES

1 kg de muslos de pollo
   deshuesados, sin piel
100 g de cebolletas picadas
150 ml de txakoli o vino blanco
30 g de mantequilla
1 litro de caldo de carne
150 ml de nata
30 g de mostaza de Dijon
10 ml de zumo de limón
sal y pimienta

1 cucharada de cebollino
   picado

Para acabar la salsa
10 g de mostaza en grano
40 g de mantequilla fría
   en dados

TRUCO

El pollo se estropea muy
fácilmente, así que si no
vamos a cocinarlo en unos
días, vale más congelarlo
crudo inmediatamente
después de la compra.

ELABORACIÓN

Colocar el litro de
caldo en un cazo y
dejar reducir a 300 g.
Reservar. Cortar
los muslos de pollo
en tiras de 6 cm de
largo x 2 de ancho.
Salpimentar el pollo y
saltearlo a fuego vivo
con dos cucharadas
de aceite de oliva
en una cazuela
baja antiadherente.
Retirar y reservar.

Rehogar la cebolleta
con la mantequilla
en la misma cazuela
durante 6 minutos
más hasta que
quede bien pochada.
Agregar el txakoli o
vino blanco y dejar
reducir a seco.

Mojar con el caldo
reservado y dejar
reducir todo a un
tercio del volumen.
Añadir la nata, los
30 g de mostaza de
Dijon y el zumo
de limón.

Dejar reducir
3 minutos a fuego
medio, agregar
la mostaza y el pollo
reservado, cocer a
fuego medio durante
5 minutos.

ACABADO Y PRESENTACIÓN

Cocer otros 10 minutos, dejar que se reduzca la
salsa, agregar nuevamente el conejo y cocer todo
junto otros 5 minutos más. Poner a punto de sal
y servir caliente.

CONEJO A LA MOSTAZA CON CHAMPIS

1h 20'

INGREDIENTES

1 conejo cortado en trozos (1 kg)
1 cebolla picada (180 g)
1 cucharada de mostaza de Dijon
100 ml de vino blanco
500 ml de caldo de ave
1 cucharada de harina
1 rama de tomillo
40 g de mantequilla
300 ml de nata

500 g de champiñones (en cuartos)
2 cucharadas de aceite de oliva virgen extra

TRUCO

Un buen conejo suele pesar alrededor de kilo y medio. Luego es importante que sea corto y macizo y que tenga la carne de color rosa fuerte, cubierta de una capa blanquecina y transparente. Para esta receta es preferible cocinar un conejo adulto, ya que va mejor para los guisos y estofados.

ELABORACIÓN

Calentar el aceite de oliva en una cazuela, salpimentar el conejo y sellarlo a fuego vivo. Una vez sellado el conejo, retirarlo y reservar. Agregar la mantequilla en la misma cazuela en la que hemos preparado el conejo y rehogar la cebolla a fuego medio.

Cuando la cebolla esté tierna y con un color translúcido, agregar los champiñones, la harina y seguir rehogando unos 7 minutos más. Una vez pasado el tiempo, añadir la mostaza, el vino blanco y reducir a seco, hasta que el líquido se haya evaporado.

Agregar el conejo reservado anteriormente, el caldo y el tomillo. Tapar y cocer a fuego medio durante 30 a 45 minutos dependiendo del tamaño del conejo.

Cuando haya pasado este tiempo y el conejo esté cocido, retirarlo y añadir la nata líquida.

ACABADO Y PRESENTACIÓN

Cortar el magret en lonchas del tamaño de un
bocado, acompañar con las endivias confitadas
y la salsa de cítricos y miel.

MAGRET CON ENDIVIAS, CÍTRICOS Y MIEL

40'

INGREDIENTES

2 magrets de pato (400 g)
2 endivias
75 ml de zumo de pomelo
50 ml de zumo de naranja
2 cucharadas de miel
30 g de mantequilla
20 g de mantequilla (para ligar)
sal y pimienta

TRUCO

Es muy importante no cocinar en exceso el magret para que se mantenga jugoso, pues tiende a secarse fácilmente, al ser carne roja y magra. Por eso se deben hacer los cortes en la piel para que lo proteja pero a la vez infiltre el calor dentro.

ELABORACIÓN

Limpiar el magret retirando el sobrante de grasa. Hacerle cortes superficiales por el lado de la piel formando una cuadrícula, pero sin llegar a cortar la carne.

Colocar el magret por el lado de la piel en una sartén antiadherente, sin nada de materia grasa, salpimentar y cocinar 5 minutos a fuego bajo, darle la vuelta y cocerlo otros 3 minutos. Acabarlo en el horno a 180 ºC durante 5 minutos. Sacarlo y dejar reposar 5 minutos cubierto con papel de plata con dos chimeneas.

Mientras reposa el magret, cortar las endivias en 4 a lo largo, marcarlas en otra sartén con los 30 g de mantequilla y una pizca de sal. Confitarlas rociándolas con su propio jugo 5 minutos aproximadamente, retirarlas y dejarlas reposar en la rejilla al lado del magret.

Agregar las 2 cucharadas de miel a la sartén, desglasar con el zumo de pomelo y el de naranja, y montar la salsa con los 20 g de mantequilla fría cortada en dados pequeños.

POSTRES

ACABADO Y PRESENTACIÓN

Dejar reposar 1 hora a temperatura ambiente.
Transcurrido ese tiempo, hornear durante
30 minutos aproximadamente.

BIZCOCHO DE TÉ

1h 45'

INGREDIENTES

20 g de té earl grey
560 g de azúcar
500 g de huevos
2 g de sal
300 ml de nata líquida
4 g de piel de limón rallada
2 g de piel de naranja rallada
½ vaina de vainilla rascada
500 g de harina tamizada

12 g de levadura en polvo
200 g de mantequilla en
   pomada

TRUCO

Para elaborar bizcochos, la harina más adecuada es la harina floja, que también se conoce como harina de invierno o harina candeal, y procede de granos de trigo blanco cuya época de siembra es el invierno.

ELABORACIÓN

Precalentar el horno 180 °C. Moler el té en el molinillo de especias, mezclar con el azúcar.

Batir los huevos, el azúcar con el té, la sal y la vainilla.

Agregar la nata y las ralladuras de limón y naranja. Añadir la mantequilla en pomada (ablandada a temperatura ambiente) en trozos, mezclar la harina tamizada y la levadura. No debe quedar una masa homogénea.

Verter esta masa en un molde untado con mantequilla y espolvoreado con harina.

ACABADO Y PRESENTACIÓN

Verificar el punto de cocción con la ayuda de un
palillo, si sale limpio la cocción estará correcta,
y de lo contrario dejarlo unos 5 minutos más.

BROWNIE CASERO DE CHOCOLATE

1h

INGREDIENTES

225 g chocolate con 66 % de cacao
170 g de mantequilla
170 g de huevos
340 g de azúcar
una pizca de sal
¼ vaina de vainilla
110 g de harina tamizada

TRUCO

Para hacer el bizcocho, se deben combinar
los ingredientes en el orden correcto y mezclar
concienzudamente para que salga ligero
y esponjoso.

ELABORACIÓN

Mezclar en un bol los huevos, el azúcar y la sal. Añadir el interior de la vaina de vainilla y remover todo bien procurando que no se incorpore aire.

Fundir en un bol al baño maría el chocolate y la mantequilla. Con ayuda de una espátula de silicona, mezclar homogéneamente. Agregar a la preparación anterior el chocolate fundido y remover hasta obtener una masa homogénea.

Añadir la harina tamizada en forma de lluvia e ir incorporándola poco a poco con una espátula de silicona. Precalentar el horno a 180 ºC.

Colocar un papel de horno sobre una placa metálica y untarlo con mantequilla. Verter la mezcla final y hornear 20 minutos.

ACABADO Y PRESENTACIÓN

Verter en un molde previamente untado con
mantequilla y harina. Hornear durante los
primeros 5 minutos a 250 ºC, seguidamente bajar
el horno sin abrirlo y seguir horneando durante
50 minutos aproximadamente o hasta que al
introducir un palillo salga seco. Retirar el cake
del horno, dejar templar unos minutos y pintarlo
con el almíbar.

CAKE DE FRUTAS

1h 15'

INGREDIENTES

Para el cake
300 g de mantequilla
300 g de azúcar glas
300 g de huevo
390 g de harina
6 g de levadura en polvo
la ralladura de 1 limón
la ralladura de 1 naranja
300 g de fruta confitada
50 g de cerezas en almíbar
pulpa de vainilla
ron al gusto

Para el almíbar
250 g de agua
125 g de azúcar
50 g de glucosa
la piel de 1 naranja
la piel de 1 limón
vainilla
ron

TRUCO

La repostería es una ciencia muy exacta porque requiere de mucha precisión y cuidado; mientras que la cocina salada es una ciencia de instinto y de juicio personal. Por ejemplo, no se deben alterar los ingredientes básicos —harina, líquido, sal, grasa y levadura— de las recetas.

ELABORACIÓN

Precalentar el horno a 250 ºC. Introducir la fruta confitada y las cerezas en almíbar en un bol junto con un chorro de ron. Tapar con papel film y dejar macerar durante toda la noche.

Derretir la mantequilla, añadir el azúcar glas y mezclar muy bien. Agregar los huevos poco a poco con la ayuda de una varilla, cuidando que no se corte la mezcla. En caso de que esto suceda, calentar la mezcla ligeramente al baño maría hasta homogeneizarla de nuevo.

Raspar la vaina de vainilla y agregar la pulpa a la mezcla. A continuación añadir la harina y la levadura que previamente habremos tamizado, más las ralladuras de los cítricos.

Escurrir el ron de la fruta confitada que hemos macerado. Secarla sobre un papel absorbente y pasarla ligeramente por harina antes de añadir la fruta a la mezcla del bizcocho. Para el almíbar, hervir todos los ingredientes, menos el ron, y agregar luego el ron fuera del fuego.

ACABADO Y PRESENTACIÓN

Rellenar los recipientes escogidos (si se puede, ramequines) y dejar enfriar. Antes de servir, espolvorear con azúcar y quemar con una pala que debe estar al rojo vivo, para poder caramelizar bien la superficie de la crema.

CREMA CATALANA

1h

INGREDIENTES

1 litro de leche
2 ramitas de canela
35 g de fécula de maíz
200 g de azúcar
240 g de yemas de huevo
100 g de mantequilla
una pizca de sal

TRUCO

Algo a tener en cuenta es que, a la hora de hacer las mezclas, los ingredientes se integrarán mejor si están a temperatura ambiente.

ELABORACIÓN

Colocar la leche en un cazo junto con las ramitas de canela y la sal. Llevar a ebullición, cuando hierva retirar del fuego, cubrir con papel film y dejar infusionar durante 10 minutos. Colar y reservar.

En un bol mezclar 100 g de azúcar con los 35 g de fécula, añadir la leche infusionada con canela, volver al fuego y hervir. Retirar del fuego y dejar templar.

En otro bol mezclar las yemas con los otros 100 g de azúcar y verter a la mezcla anterior. Cocer todo junto al baño maría como si se tratara de una crema inglesa, sin dejar de remover hasta que vaya cogiendo cuerpo y nape la cuchara (deje una película en el dorso). Esto sucede a los 80-82 ºC.

Una vez alcanzada la temperatura, retirar del baño maría y cuando la preparación esté a unos 50 ºC añadir los 100 g de mantequilla fría en dados pequeños y mezclar bien.

ACABADO Y PRESENTACIÓN

Retirar la crema del horno y dejar templar. Enfriar
en la nevera como mínimo 1 hora. Cuando esté
fría, servir acompañada con una cucharada
de granizado de whisky.

CREMA CUAJADA DE CARAJILLO

INGREDIENTES

Para la crema cuajada
250 ml de leche entera
250 ml de nata
5 yemas de huevo
85 g de azúcar
1 cucharada de whisky (10 g)
15 g de café soluble

Para el granizado de whisky
½ litro de agua mineral
100 g de azúcar
70 ml de whisky
1 hoja de gelatina

TRUCO

Si queremos que los más pequeños disfruten de este postre bastaría con quitarle el whisky a la preparación pero también podemos hacer una crema cuajada de vainilla, de limón, de queso o de frutas, como por ejemplo, melocotón.

ELABORACIÓN

Precalentar el horno a 80 °C. Para la crema cuajada, mezclar la leche con la nata en un cazo y llevar a ebullición.

Retirar del fuego, añadir el café soluble y dejar infusionar durante 10 minutos.

Mezclar las yemas con el azúcar en un recipiente, sin batir. Pasado el tiempo de infusión, agregar la mezcla de leche y nata sobre las yemas y el azúcar (debe estar fría para que las yemas no cuajen), mezclar bien y filtrar por un colador fino. Rellenar los vasitos con la preparación y hornear durante 1½ hora.

Para el granizado de whisky, hervir el agua con el azúcar. Retirar, dejar templar y agregar la gelatina escurrida. Mezclar bien y dejar enfriar. Cuando la preparación este fría, añadir el whisky y volver a mezclar. Colocar en un recipiente y congelar. Cuando el granizado esté congelado raspar con la ayuda de un tenedor para sacar las escamas.

ACABADO Y PRESENTACIÓN

Servir la crema de cacao que habremos tenido en
la nevera acompañada de una buena «montaña»
de granizado de menta por encima.

CREMA DE CACAO CON GRANIZADO DE MENTA

1h 10'

Una receta para un día de fiesta

INGREDIENTES

Para la crema de chocolate
40 g de cacao en polvo
200 g de azúcar
200 g de yema de huevo
1 litro de leche

Para el granizado de menta
40 g de hojas de menta
600 g de agua
120 g de azúcar
1 hoja de gelatina

TRUCO

Para mezclar cacao con líquidos, se bate en pequeñas cantidades con el líquido frío o templado hasta formar una pasta. No conviene utilizar el líquido caliente porque se formarán grumos. Después se añade el líquido restante, que puede estar frío o caliente.

ELABORACIÓN

Para la crema de chocolate, verter en un cazo la leche y el cacao, y llevar a ebullición. Blanquear las yemas con el azúcar e ir agregando poco a poco la mezcla anterior tibia.

Mezclar bien, colar y poner en pequeños recipientes donde se quiera cuajar. Meter al horno a 150 °C al baño maría durante 35 minutos. Transcurrido ese tiempo, sacar y mantener en frío.

Para el granizado de menta, poner a hervir el agua, apartar del fuego y agregar las hojas de menta. Tapar con papel film y dejar infusionar 20 minutos. Colar, agregar el azúcar y las hojas de gelatina previamente hidratadas. Poner sobre una placa ovalada y reservar en el congelador.

Rallar con las púas de un tenedor el granizado de menta hasta conseguir un buen montón.

ACABADO Y PRESENTACIÓN

Acompañar la crema con el granizado
coronándolo todo.

CREMA DE **NARANJA** Y **VAINILLA**

3h 40'

INGREDIENTES

150 g de huevo
40 g de yema de huevo
150 g de azúcar
20 g de ralladura de naranja
200 ml de zumo de naranja
40 ml de zumo de limón
1 vaina de vainilla
100 g de mantequilla
1½ hojas de gelatina (3 g)

Además
400 g de crema de naranja
100 ml de nata para montar

Para el granizado
150 ml de agua
100 g de azúcar
375 ml de txakoli o vino blanco
1 hoja de gelatina

TRUCO

Es importante tener en cuenta que la gelatina no ha de hervirse, ya que si lo hacemos perderá su poder gelificante. Otro truco es que si vamos a utilizarla en algún postre con piña, kiwi y papaya, estas frutas han de ser escaldadas, ya que contienen una enzima que destruye las proteínas de la gelatina.

ELABORACIÓN

Para la crema de naranja y vainilla, mezclar los huevos, las yemas, el azúcar, la ralladura de naranja, los zumos y la vainilla en un cazo. Cocer a fuego bajo mezclando continuamente con una cuchara de madera durante 10 o 12 minutos hasta alcanzar los 85 ºC (hasta que nape la cuchara).

Añadir las hojas de gelatina, previamente hidratadas, y dejar entibiar.

Cuando la mezcla esté a 40 ºC, incorporar la mantequilla cortada en dados pequeños. Mezclar con la túrmix y reservar. Montar la nata. Mezclar la nata montada con 400 g de la preparación anterior con ayuda de unas varillas, hasta quedar una mezcla homogénea. Volcar la crema en el recipiente deseado y dejar enfriar como mínimo 3 horas en la nevera.

Para el granizado, colocar el agua, el txakoli y el azúcar en un cazo y llevar a ebullición hasta disolver bien el azúcar. Dejar entibiar, añadir la gelatina previamente hidratada, mezclar bien y verter la preparación en una bandeja o en un recipiente no muy alto. Congelar. Rallar el granizado con la ayuda de un tenedor y dejar en el congelador.

ACABADO Y PRESENTACIÓN

En la copa o plato que elijamos poner una primera
capa de turrón rallado, la crema de *petit suisse*
por encima y finalmente la mermelada de fresas
con sus trocitos. Acabar con turrón rallado por
encima. Decorar con unas fresas partidas y una
hoja de menta.

CREMA DE **PETIT SUISSE**

Postre familiar

30'

INGREDIENTES

3 claras de huevo
1 limón
35 g de azúcar moreno
100 g de queso fresco tipo *petit suisse*
120 g de mermelada de fresa
6 fresas
100 g de turrón de Jijona
una pizca de sal

TRUCO

A la hora de preparar el merengue, hacerlo siempre en un recipiente limpio y bien seco, si no es muy difícil que se monte en condiciones y cuesta mucho más.

ELABORACIÓN

Batir las claras en un bol con la ayuda de una varilla o a máquina hasta que adquieran punto de nieve. Añadir una pizca de sal a las claras antes de empezar a batir para darles un poco más de viscosidad y lograr un merengue con la consistencia adecuada y en menor tiempo.

Añadir el zumo de limón y el azúcar moreno y batir hasta obtener un merengue.

Agregar entonces los *petit suisse* con mucho cuidado para no bajar la mezcla. Reservar.

Cortar las fresas en daditos y mezclar con la mermelada. Rallar el turrón.

ACABADO Y PRESENTACIÓN

Colocar sobre el cremoso una cucharadita de
frambuesas picadas. Esparcir por encima trozos
rotos e irregulares de galletas tipo Digestive.

CREMOSO DE **COCO** CON **FRAMBUESAS** Y **MANGO**

1h 20'

INGREDIENTES

Para el cremoso de coco
70 g de azúcar
80 g de yema de huevo
220 ml de nata
80 ml de leche de coco sin
 azúcar y un poco más para
 cubrir la crema

Además
mango cortado en daditos
frambuesas frescas picadas
 a cuchillo
galletas tipo Digestive

TRUCO

Jamás hay que guardar la fruta en bolsas de plástico, ya que se ahogan y pierden sabor y nutrientes. En el caso de las frambuesas es aún peor porque se ponen malas enseguida; hay que consumirlas antes de 48 o 72 horas después de comprarlas. Entretanto, lo mejor es conservarlas en el frigorífico.

ELABORACIÓN

Precalentar el horno a 90 ºC. Para el cremoso de coco, mezclar con ayuda de una túrmix todos los ingredientes.

Verter la mezcla en vasitos de cristal. Hornear durante 1 h y 10 minutos a 90 ºC y reservar en la nevera hasta que estén bien frios.

Sacar los vasitos de la nevera y cubrir con una cucharada de leche de coco.

Añadir generosamente el mango picado sobre la leche de coco.

ACABADO Y PRESENTACIÓN

Decorar el cremoso de naranja con trozos del
crumble, unas hojitas de menta y servir bien frío.

CREMOSO DE **NARANJA** Y **YOGUR**

50'

INGREDIENTES

1 naranja
2 yogures tipo griego
50 g de mermelada de naranja
   amarga
hojitas de menta

Para la masa crumble
60 g de azúcar
60 g de mantequilla
90 g de harina

TRUCO

Pelar a vivo significa que queremos utilizar solo la pulpa de la fruta, es decir hay que quitar la piel, incluso la fina membrana blanca que envuelve cada gajo del cítrico, llegando a la maravillosa pulpa de la fruta que es donde se concentran todos sus jugos.

ELABORACIÓN

Pelar la naranja a vivo separando los gajos y quitándoles toda la parte blanca. Reservar unos gajos para la presentación y agregar el resto de la naranja, cortada en trocitos, a la mermelada de naranja, y mezclar bien.

Para el crumble, mezclar el azúcar y la harina en un bol. Atemperar la mantequilla y agregarla a la mezcla anterior hasta conseguir una mezcla homogénea.

Con las manos desmigar la masa sobre papel sulfurizado y hornear a 180 °C durante 15 minutos o hasta que coja un bonito color dorado. Retirar del horno y dejar enfriar otros 15 minutos.

Batir bien el yogur. Repartir en cuencos individuales una base de mermelada con naranja, luego el yogur y finalmente los gajos de naranja a vivo.

ACABADO Y PRESENTACIÓN

Cuando no quepa una crepe más en la sartén,
añadir el licor y flambear. Disponer las crepes en
un plato y rociarlas con el jugo del flambeado.

CREPES SUZETTE

2h 40'

INGREDIENTES

50 g de mantequilla
2 huevos
100 g de harina tamizada
250 ml de leche
30 ml de agua
la ralladura de 1 naranja
una pizca de sal

Además
2 cucharadas de mantequilla
2 cucharadas de azúcar
100 ml de zumo de naranja
un chorro de licor Grand
    Marnier

TRUCO

A la hora de hacer la mezcla
para las crepes, tener en
cuenta que los ingredientes
se integrarán mejor si están
a temperatura ambiente.

ELABORACIÓN

Fundir la mantequilla.
Batir los huevos y
añadirlos a la harina
con una pizca de sal
y mezclar.

Añadir la leche, el
agua, la mantequilla
y la ralladura de
naranja. Dejar
reposar la mezcla
2 horas en el
frigorífico. Después
conviene añadir unas
gotas más de agua
para aligerar
la mezcla.

Calentar las
2 cucharadas de
mantequilla hasta
que espume y se
coloree un poco.
Añadir el azúcar
y caramelizarlo
ligeramente. Verter
el zumo de naranja
y reducirlo unos
segundos.

Poner las crepes
de una en una en
una sartén caliente
para freírlas.
Después replegarlas
en abanico, bien
empapadas, echar el
licor sobre las crepes
y flambear.

ACABADO Y PRESENTACIÓN

Repartir por encima de la salsa de chocolate los
frutos rojos que más nos apetezcan y unas hojas
de menta fresca.

CUAJADA DE CHOCOLATE CON
FRUTOS ROJOS

4h

No hay quien se resista

INGREDIENTES

Para la cuajada
430 ml de leche
40 g de azúcar
2 hojas de gelatina
50 g de chocolate negro con
   66 % de cacao

Para la salsa de chocolate
150 ml de leche
40 g de miel de acacia
120 g de chocolate negro con
   66 % de cacao

Además
frutos rojos diversos y hojas
   de menta.

TRUCO

A la hora de incorporar
la salsa de chocolate a la
cuajada, hay que dejarla
enfriar, para evitar que el
chocolate la ablande
o la derrita.

ELABORACIÓN

Para la cuajada, calentar la leche con el azúcar en una cazuela. Agregar la gelatina previamente hidratada en agua fría.

Volcar sobre el chocolate picado y mezclar bien con las varillas.

Rellenar tres cuartas partes de los botes de yogur. Enfriar de 3 a 4 horas en la nevera, por lo menos.

Para la salsa de chocolate, hervir la leche y la miel en una cazuela. Volcar sobre el chocolate picado, mezclar bien con las varillas y dejar enfriar. Sacar los botes de la nevera y poner aproximadamente 2 mm de salsa de chocolate sobre la cuajada, cubriendo toda la superficie.

ACABADO Y PRESENTACIÓN

Dejar cuajar los vasos en la nevera hasta que
cojan consistencia. Servir con una galleta tipo
María picada por encima y unas hojas de menta.

CUAJADA CON **MELOCOTÓN**

Viva el verano

30'

INGREDIENTES

1 kg de cuajada
300 g de melocotones
20 g de azúcar
25 ml de zumo de limón
1 hoja de gelatina
20 ml de agua
15 orejones
4 galletas María
20 hojas de menta

TRUCO

La cantidad de azúcar que añadamos siempre dependerá del gusto y la madurez del melocotón.

ELABORACIÓN

Para la cuajada, calentar 1 litro de leche de oveja a unos 65 ºC y verterla sobre un recipiente de cristal en el que hayamos añadido 1 gota de cuajo por recipiente. El cuajo hay que repartirlo homogéneamente por toda la base del recipiente. Enfriar en la nevera hasta que haya cogido la consistencia adecuada.

Por otro lado, pelar y cortar los melocotones. Triturar con la túrmix hasta hacer un puré, y, si se quiere, pasar por un colador fino.

Cortar los orejones en dados aproximadamente de 1 cm. Mezclar en un bol el puré con el zumo de limón, los orejones, el azúcar y agregar la hoja de gelatina previamente hidratada y disuelta en el agua. Mezclar bien y repartir en 4 vasos.

Verter la cuajada en un bol y batirla bien con la túrmix. Rellenar con esta cuajada batida el espacio que queda en los vasos hasta completar.

ACABADO Y PRESENTACIÓN

Cocer en el horno a 120 ºC al baño maría durante
1 hora y 15 minutos. Transcurrido ese tiempo, sacar
del horno, dejar enfriar a temperatura ambiente y
poner en la nevera. Enfriar aproximadamente unas
2 horas y desmoldar antes de servir. Acompañar de
un chantillí aderezado con azúcar glas y corteza
de naranja.

FLAN DE VAINILLA AL **CARAMELO**

Clásico irrenunciable

3h 30'

INGREDIENTES

6 huevos
4 yemas de huevo
200 g de azúcar
1 vaina de vainilla
900 ml de leche entera
100 ml de nata para montar

Para el caramelo
250 g de azúcar
50 ml de agua

TRUCO

Si notamos que los flanes quedan pegados a las flaneras, calentar un poco la base, para que el caramelo se suelte y podamos desmoldar los flanes con facilidad.

ELABORACIÓN

Tener el horno precalentado a 120 ºC. Colocar la leche en una batidora de vaso americano, añadir la vainilla cortada en rodajas pequeñas y triturar a máxima potencia durante pocos segundos. Colar y reservar los trocitos de vainilla.

Mezclar las yemas con los huevos en un bol. Añadir el azúcar y batir ligeramente. Verter sobre la mezcla la leche avainillada y mezclar bien. Añadir la nata y volver a mezclar bien.

Para el caramelo, mezclar el agua con el azúcar en una cazuela y llevar a ebullición a fuego medio hasta que se evapore el agua y el azúcar comience a fundirse. Cuando el azúcar esté fundido, buscar el color deseado del caramelo: claro, rubio, etc.

Rellenar las flaneras con una pequeña parte del caramelo, unos 5 mm aproximadamente. Llenar el resto de las flaneras con la mezcla de leche avainillada.

ACABADO Y PRESENTACIÓN

Añadir una quenelle de crema de mascarpone
sobre las frambuesas, decorar con unas hojitas
de menta y servir.

FRAMBUESAS CON BALSÁMICO

20'

INGREDIENTES

Para las frambuesas
10 g de mantequilla
450 g de frambuesas
pimienta negra recién molida

Para el jugo de balsámico
50 ml de agua
50 g de azúcar
2 cucharadas de vinagre
    balsámico (30 ml)

Para la crema de mascarpone
100 g de mascarpone
20 g de azúcar glas
1 cucharada de kirsch (15 g)

TRUCO

El kirsch es un destilado
de cereza, por ello si no
lo encontramos podemos
sustituirlo por algún destilado
de melocotones, frambuesas,
melón, ciruelas o un licor de
cerezas.

ELABORACIÓN

Para las frambuesas,
derretir la
mantequilla en
una sartén, justo
hasta que coja color
avellana. Agregar
las frambuesas y
cocerlas durante un
minuto a fuego bajo.
Remover
delicadamente
con una cuchara
de madera, sin
aplastarlas. Añadir
la pimienta recién
molida.

Para el jugo de
balsámico, mezclar el
agua y el azúcar en
un cazo, llevarlo
a ebullición durante
2 minutos, retirar del
fuego y dejar enfriar.
Añadir el vinagre
balsámico y mezclar.

Para la crema de
mascarpone, colocar
el mascarpone en un
bol, añadir el azúcar
glas y el kirsch, y
mezclar bien con
unas varillas hasta
obtener una crema
homogénea.
Reservar en frío.

En el centro de un
plato hondo, disponer
las frambuesas tibias
y naparlas con el jugo
de balsámico.

ACABADO Y PRESENTACIÓN

Colocar en copas las fresas maceradas con la
miel y el zumo de naranja y cubrir con la crema
chantillí ligera.

FRESAS CON CREMA **CHANTILLÍ** LIGERA

40'

INGREDIENTES

400 g de fresas limpias
un chorrito de miel
1 naranja
200 ml de leche concentrada fría
½ vaina de vainilla
2 claras de huevo
1 cucharada de fructosa
una pizca de sal

TRUCO

La crema se puede aromatizar con el sabor que más nos apetezca para darle un toque distinto: café soluble, armañac, cacao en polvo, etc.

ELABORACIÓN

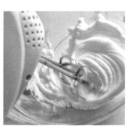

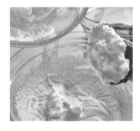

Cortar las fresas en cuartos y mezclarlas con la miel y el zumo de naranja, y refrigerar. Poner un bol en el congelador.

Rascar los granos de la vainilla y añadirlos a la leche concentrada. Colocar el bol congelado sobre un bol con hielo, y verter en el primero la leche concentrada, la vainilla y la pizca de sal. Montar la leche concentrada bien firme.

En otro bol, montar las claras bien firmes. Una vez montadas, añadir la fructosa.

Mezclar las claras sobre la leche concentrada montada, girando el bol y mezclando delicadamente con una espátula de goma.

ACABADO Y PRESENTACIÓN

Enfriar 3 horas en la nevera para que acabe de coger la textura deseada. Colocar los bastones finos de manzana sobre la natilla. Rallar la lima por encima y servir. Decorar con unas hojas de menta fresca o cualquier otra hierba que sea de nuestro gusto.

NATILLAS DE **COCO** Y **MANZANA**

Explosión de sabores

1h 15'

INGREDIENTES

160 ml de nata para cocinar
160 ml de leche de coco
120 g de chocolate blanco
80 g de yemas de huevo
1 lima
1 manzana verde

TRUCO

Para saber si las natillas están hechas, pinchar el centro con la punta de un cuchillo. Si la mezcla se pega a sí misma y no a la punta del cuchillo, están hechas.

ELABORACIÓN

Poner en una cacerola a fuego medio la nata y la leche de coco, y llevar a ebullición hasta que hierva. Una vez que haya hervido y todavía muy caliente, verter sobre un bol con el chocolate blanco previamente cortado en trozos pequeños, o en pastillas, para que se deshaga con facilidad.

Mezclar bien y enérgicamente con la ayuda de unas varillas hasta que quede una mezcla homogénea. Añadir las yemas de huevo y volver a batir intensamente.

Colocar la mezcla dentro de unas pequeñas cocottes y cocinar en horno previamente precalentado a 85 ºC durante 45 minutos. Sacar del horno y dejar entibiar un poco.

Cortar bastones finos de manzana y reservar.

ACABADO Y PRESENTACIÓN

Servir la panna cotta con 1 cucharada de salsa de
fresas, unos trocitos de fresa fresca y unas hojitas
de menta picadas en juliana fina para decorar.

PANNA COTTA DE CHOCOLATE
CON MENTA Y FRESAS

2h

Dulce tentación

INGREDIENTES

**Para la panna cotta de
chocolate blanco**
2 hojas de gelatina (4 g)
175 g de chocolate blanco
200 ml de leche entera
300 ml de nata
hojas de menta fresca

Para la salsa de fresas
130 g de fresas
250 ml de agua
25 g de azúcar

TRUCO

Una vez desmoldada la panna
cotta, dejar nuevamente en la
nevera para que a la hora de
servir quede lisa y cremosa.

ELABORACIÓN

Hidratar las hojas
de gelatina en agua
fría. Paralelamente,
colocar el chocolate
en un bol al baño
maría, removiendo de
vez en cuando hasta
que se funda. Verter
en un cazo la leche y
llevarla a ebullición.
Dejar enfriar.

Cuando la leche
esté tibia, agregar la
gelatina previamente
hidratada.
Lentamente,
añadir la mezcla de
leche y gelatina al
chocolate fundido
con la ayuda de unas
varillas y mezclar
enérgicamente
hasta conseguir una
mezcla elástica y
brillante. Agregar
la nata fría. Mezclar
bien, debe quedar
una mezcla lisa y
homogénea.

Verter la mezcla en
moldes de silicona
y dejar enfriar un
mínimo de 8 horas en
la nevera y 1 hora en
el congelador para
que se semicongele
y no se rompa al
desmoldar. Para
la salsa de fresa,
limpiar las fresas y
trocearlas. Colocar
el agua y el azúcar
en un cazo, calentar
para que se disuelva
el azúcar, retirar,
dejar enfriar y verter
sobre las fresas.

Triturar las fresas
con el jarabe en
una túrmix y pasar
la mezcla por
un colador fino.
Reservar en la
nevera.

ACABADO Y PRESENTACIÓN

Cortar las fresas en dados pequeños de
aproximadamente 5 mm. Mezclar el jugo de fresas
con las fresas en dados y verter con cuidado sobre
la panna cotta fría. Decorar con una hojita de
menta y servir.

PANNA COTTA DE **LIMÓN** Y **FRESAS**

3h 30'

INGREDIENTES

Para la panna cotta
550 ml de nata para montar
85 g de azúcar
1 hoja de gelatina
la piel de 2 limones

Para el jugo de fresas
250 g de fresas frescas
25 g de azúcar

Para acabar
100 g de fresas frescas
100 ml de jugo de fresas
hojas de menta

TRUCO

Hay que utilizar la cantidad justa de gelatina, con cuidado de no abusar para que la crema no resulte demasiado elástica, con textura de caucho. Un buen truco consiste en enfriar la panna cotta sobre hielo hasta que empiece a cuajar.

ELABORACIÓN

Para el jugo de fresas, lavar y secar las fresas, quitarles el pedúnculo, cortar por la mitad o en cuartos, según el tamaño, colocarlas en un bol y agregar el azúcar. Cubrir con film y hacer unos hoyitos con una puntilla.

Cocer las fresas al baño maría a fuego bajo durante 30 minutos. Verter las fresas a un tamiz y dejar escurrir bien sin aplastar. Reservar el jugo obtenido y enfriar.

Para la panna cotta, colocar la nata en un cazo y llevar a ebullición. Añadir la piel de los limones enteros (sin la parte blanca), cubrir con papel film y dejar infusionar 30 minutos. Colar y volver a calentar, añadir el azúcar, mezclar para disolver bien. Agregar la gelatina previamente hidratada en agua bien fría.

Cuando la nata esté tibia, mezclar con la túrmix para obtener una crema bien lisa. Verter la crema en los recipientes escogidos y refrigerar 2 horas como mínimo.

ACABADO Y PRESENTACIÓN

Este mismo pastel de manzana se puede elaborar
también en porciones individuales. En ese caso, la
mezcla se distribuirá en cuatro moldes pequeños
que deben hornearse durante 30 minutos a 180 ºC.

PASTEL DE **MANZANA**

Simplemente irresistible

1h 15'

INGREDIENTES

2 huevos
2 yemas de huevo
100 ml de leche
200 ml de nata
20 g de mantequilla para
el molde
50 g de azúcar moreno
20 g de harina de maíz
50 g de azúcar para el molde
4 g de vaina de vainilla
10 g de azúcar avainillado
el zumo de limón

Para la guarnición
500 g de manzanas Golden
100 g de azúcar
1 cucharadita de canela
en polvo

TRUCO

Esta tarta queda muy bien acompañada de una salsa de caramelo y mantequilla. Para ello basta con preparar un caramelo, desglasar con un chorrito de nata líquida, añadir una nuez de mantequilla y mezclar bien con las varillas.

ELABORACIÓN

Precalentar el horno a 180 ºC. Untar con mantequilla un molde rectangular y cubrir con el azúcar. Pelar y descorazonar las manzanas. Cortar cada una en 10 gajos aproximadamente. Para evitar la oxidación introducirlas en agua con ácido cítrico o zumo de limón.

Cocinar los gajos con la mantequilla y el azúcar durante 3 minutos aproximadamente. Espolvorear con la canela los gajos de manzana y cubrir con ellos el fondo del molde formando una capa.

Poner los huevos y las yemas en un bol. Verter la leche y la nata líquida. Incorporar el azúcar moreno y la harina de maíz.

Agregar el azúcar avainillado y los granos de vainilla. Mezclar bien hasta obtener una mezcla lisa y homogénea. Verter delicadamente sobre la manzana. Cocer durante 45 minutos a 180 ºC.

ACABADO Y PRESENTACIÓN

Cubrir las peras con el sirope que se habrá hecho
durante su cocción. Acompañar con el chantillí frío.

PERAS AL VINO

45'

INGREDIENTES

6 peras Williams hermosas
1 vaina de vainilla
1 clavo de olor
la piel de 1 limón
100 g de azúcar
1 botella de vino tinto
1 copa de oporto tinto

Además
400 ml de nata muy fría para
    montar
un chorrito de ron
una pizca de azúcar

TRUCO

Es importante la calidad del vino a la hora de cocinar. No digo que usemos el mejor, ya que sería una pena, pero tampoco es bueno utilizar un vino de baja calidad, porque luego se nota en el resultado final.

ELABORACIÓN

Pelar las peras sin quitarles el rabo y colocarlas en una olla en la que quepan justas apoyadas sobre el fondo, sin amontonarse.

Cubrirlas con los vinos, la vaina de vainilla abierta, el clavo, la piel de limón y el azúcar, y hervir a fuego lento. Cocer hasta que las peras estén bien tiernas. Retirar la olla del fuego y reservar hasta que las peras se enfríen.

Para preparar el chantillí, mezclar la nata con el azúcar.

Añadir a esta mezcla el ron.

ACABADO Y PRESENTACIÓN

Servir junto al helado del sabor escogido.

SUFLÉ DE CHOCOLATE
BERASATEGUI

45'

INGREDIENTES

200 g de chocolate con 70 %
  de cacao
200 g de mantequilla
120 g de azúcar
280 g de yemas de huevo
60 g de claras de huevo

Además
helado del sabor preferido

TRUCO

Para comprobar la densidad del suflé y la temperatura del interior se introduce un pincho metálico. Al sacarlo, la masa debe estar fluida y si nos acercamos el pincho a los labios notaremos que está a unos 50 ºC más o menos.

ELABORACIÓN

Sacar los huevos de la nevera 3 horas antes. Separar las yemas de las claras. Montar las yemas con el azúcar, en la batidora a velocidad máxima durante 3 minutos hasta blanquearlas.

Picar el chocolate y fundirlo con la mantequilla al baño maría o en el microondas a mínima potencia, sin que coja mucha temperatura (40 ºC). Comprobar el punto sumergiendo un dedo. Verter el chocolate en un hilo fino sobre las yemas y mezclar al mismo tiempo con una espátula de silicona de forma envolvente y con cuidado.

Romper las claras con unas varillas, batiéndolas muy poco, y añadirlas a la mezcla, siempre en forma envolvente y con cuidado. Llenar los moldes con unos 80 g de masa con la ayuda de una manga de plástico y meter en el congelador para que se congele rápidamente.

A la hora de hornearlos, sacar los moldes 1 hora antes del congelador. Hornear a 200 ºC durante 7 a 14 minutos, dependiendo del recipiente que se haya escogido. Si es muy fino serán 7 minutos y si es muy grueso, 14 minutos. Comprobar la densidad del suflé.

ACABADO Y PRESENTACIÓN

Emplatar poniendo la fruta encima
de la crema.

TARTA DE LIMÓN, MANDARINA Y FRESAS

Falta

INGREDIENTES

Para la crema de limón
3 huevos
150 g de azúcar
2 limones
1 hoja de gelatina
180 g de mantequilla

Para la pasta sablé
90 g de mantequilla
35 g de azúcar glas
1 g de flor de sal
80 g de harina

Para el acabado
crema de limón en una manga
 pastelera y con boquilla
base de pasta sablé
gajos de mandarina
fresas
ralladura de lima

TRUCO

La mantequilla en pomada no es más que mantequilla a temperatura ambiente que se ha ablandado. Su textura es maleable (si se toca con el dedo, debe quedar la marca) y es muy fácil trabajarla e incluirla en una masa. Para hacerla, basta con sacarla de la nevera unas horas antes.

ELABORACIÓN

Para la crema de limón, exprimir los limones para obtener 150 ml de zumo. Hidratar la gelatina en agua fría. Cocer en una cazuela a 85 ºC el zumo de limón, el azúcar y los huevos, removiendo bien. Retirar del fuego y agregar la hoja de gelatina que previamente se habrá escurrido.

Enfriar rápidamente la crema en un baño maría inverso (utilizando agua fría y hielo) y cuando la crema no supere los 45 ºC añadir la mantequilla poco a poco mezclando con la ayuda de unas varillas. Colocar la crema en una manga pastelera con boquilla. Reservar en la nevera la crema hasta que esté bien fría.

Para la pasta sablé, precalentar el horno a 180 ºC. Tamizar la harina y el azúcar glas y mezclar con la mantequilla en pomada y la flor de sal. Estirar la masa sobre un silpat o un papel sulfurizado y con un cortapastas darle el tamaño deseado. Retirar la masa sobrante del molde y hornear durante 8 minutos.

Sacar del horno y dejar enfriar a temperatura ambiente. Una vez que esté fría la crema, colocarla encima de la pasta sablé.

ACABADO Y PRESENTACIÓN

Decorar con un poco de ralladura de zanahoria y servir.

TARTA DE ZANAHORIA CON CREMA DE QUESO FRESCO

1 h 20'

INGREDIENTES

330 g de aceite de girasol
400 g de azúcar blanco
4 huevos
260 g de harina tamizada
2 cdtas. de canela en polvo
1 cdta. de *all spices* (mezcla de nuez moscada, jengibre, etc.)
2 cdtas. de levadura en polvo
2 cdtas. de bicarbonato
3 tazas de zanahorias ralladas
½ taza de uvas pasas

Para la crema de queso fresco
225 g de queso tipo Philadelphia
225 g de mantequilla
260 g de azúcar en polvo
1 cucharada de esencia de vainilla

TRUCO

Es muy importante incorporar la harina a la mezcla de huevos de forma correcta, es decir, de manera rápida y envolvente; esto hará que el aire que hay en la masa no se escape y luego estará más esponjosa.

ELABORACIÓN

Mezclar el aceite, el azúcar y los huevos hasta que la preparación esté ligera y de color claro.

Mezclar aparte la harina y los demás ingredientes secos.

Juntar las dos mezclas y añadir las zanahorias ralladas y las pasas. Repartir la masa entre 2 moldes redondos de tarta. Hornear a 180 ºC durante 50 o 60 minutos.

Mientras tanto, mezclar bien los ingredientes de la crema de queso hasta hacer una pasta bien untuosa. Una vez enfriadas las dos tartas, cubrir la primera generosamente con la crema de queso fresco. Colocar la otra tarta encima, y cubrir de nuevo todo con la crema de queso.

ACABADO Y PRESENTACIÓN

Dejar enfriar y poner en la nevera toda una noche.
Espolvorear el resto de frutas escarchadas, las
almendras laminadas tostadas y las fresas frescas
cortadas en cuartos.

TIRAMISÚ INGLÉS

1h

INGREDIENTES

500 g de bizcochos de soletilla
5 yemas de huevo
1 cucharadita de maicena
70 g de azúcar en polvo
600 ml de leche
1 vaina de vainilla
150 g de frutas escarchadas
  (pera, naranja...)
un chorrito de ron
100 ml de agua
un chorrito de miel

1 naranja
un chorrito de agua de azahar
almendras laminadas
  tostadas
dos puñados de fresas frescas
  pequeñas, lavadas
sal

TRUCO

Cuidado, porque se da mucho gato por liebre en esto de las vainillas. Es importante que al comprar una esté ligeramente húmeda y mullida al cogerla entre los dedos, sinónimo de que albergará en su interior cientos de granitos negros, su verdadera esencia.

ELABORACIÓN

Batir en un cazo las yemas, la maicena, el azúcar en polvo y la sal. Verter sobre el cazo la leche y la vainilla rascada. Poner a fuego suave y cocer 10 minutos. Cortar las frutas escarchadas en dados y ponerlas en un bol junto con el ron.

Hervir 100 g de agua con la miel; fuera del fuego añadir el ron, la piel de la naranja rallada y el azahar. Volcar el jugo a una fuente honda.

Mojar los bizcochos ligeramente en el jugo y tapizar con ellos una fuente honda rectangular. Cubrir con la mitad de las frutas escarchadas.

Terminar de hacer la crema. Verter sobre los bizcochos la crema de vainilla recién cocida. Cubrir con más bizcochos remojados y el resto de la crema de vainilla.

ACABADO Y PRESENTACIÓN

Retirar del horno y dejar enfriar en la nevera
2 horas como mínimo, hasta que la mezcla cuaje
bien y coja consistencia. Acompañar los vasitos
de canela con galletas rotas tipo Oreo o con
cualquier otra clase de «arena» de galletas un
poco consistente.

VASITOS DE **CANELA**

3h 15'

INGREDIENTES

250 ml de leche entera
250 ml de nata
6 yemas de huevo
40 g de azúcar
2 ramitas de canela

TRUCO

Cuando utilicemos la canela, es mejor desmenuzarla y romperla con la punta de los dedos, de esta forma luego vamos a tener la posibilidad de recuperar sus duras astillas y disfrutaremos doblemente de su olor en el puchero y en nuestras manos.

ELABORACIÓN

Precalentar el horno a 90 ºC. Poner en un cazo la leche, la nata, el azúcar y las dos ramitas de canela partidas en trozos.

Llevar a ebullición, retirar del fuego y cubrir con papel film. Infusionar 10 minutos y luego colar. Dejar enfriar.

Por otro lado, batir las yemas en un bol con unas varillas y verter encima la preparación anterior. Es importante que la mezcla esté fría para que las yemas no cuajen.

Mezclar bien y colocar la preparación en pequeños vasitos aptos para el calor, que puedan ir al horno. Cocer durante 1 hora a 90 ºC en el horno.

ACABADO Y PRESENTACIÓN

Servir con algunas fresas enteras dispuestas
encima.

VASITOS DE **CHOCOLATE** Y **FRESA**

2h 50'

INGREDIENTES

4 yemas de huevo
80 g de azúcar
200 g de chocolate con 70 %
   de cacao
150 ml de leche
100 ml de nata para montar
250 g de pulpa de fresas

Para la pulpa de fresas
400 g de fresas

TRUCO

A la hora de añadir la leche y la nata a las yemas con el azúcar, la mezcla tiene que estar fría para que las yemas no cuajen, lo que es muy importante, fundamental, para que el postre quede perfecto.

ELABORACIÓN

Mezclar las yemas con el azúcar en un bol. Hervir la leche junto con la nata en un cazo, dejar templar y agregar a las yemas y el azúcar. Volver toda la mezcla al cazo y cocer a fuego bajo, removiendo continuamente como si se tratara de una crema inglesa bien untuosa.

Cuando la crema nape la cuchara (deje una película en el dorso), pasar el dedo formando un surco que no debe volver a unirse. Si se usa un termómetro, esto sucede a los 82 °C aproximadamente. Picar finamente el chocolate y reservar. Volcar la crema encima del chocolate y remover con una espátula; debe quedar una crema lisa y brillante.

Lavar las fresas, quitarles el pedúnculo y cortarlas en cuartos, triturar bien y colar por un colador fino. Incorporar esta pulpa de fresa a la crema de chocolate.

Triturar con la túrmix y pasar por un colador fino. Servir la preparación en pequeños vasos y dejar en la nevera un mínimo de 2 horas.

ÍNDICE DE RECETAS

ÍNDICE DE INGREDIENTES